微观经济理论基础与应用拓展研究

周晓东　著

中国原子能出版社

图书在版编目(CIP)数据

微观经济理论基础与应用拓展研究／周晓东著. --

北京：中国原子能出版社，2021.3（2023.1重印）

ISBN 978-7-5221-1309-8

Ⅰ. ①微… Ⅱ. ①周… Ⅲ. ①微观经济学-研究

Ⅳ. ①F016

中国版本图书馆 CIP 数据核字(2021)第 050273 号

微观经济理论基础与应用拓展研究

出版发行：中国原子能出版社(北京市海淀区阜成路43号 100048)

责任编辑：张书玉

装帧设计：王国会

责任校对：冯莲凤

责任印刷：赵 明

印 刷：河北宝昌佳彩印刷有限公司

经 销：全国新华书店

开 本：787mm × 1092mm 1/16

印 张：9.25 字 数：175 千字

版 次：2021 年 3 月第 1 版 2023 年 1 月第 2 次印刷

书 号：ISBN 978-7-5221-1309-8 定 价：52.00 元

网址：http://www.aep.com.cn E-mail：atomep123@126.com

发行电话：010-68452845 版权所有 侵权必究

前　言

微观经济学又称个体经济学、小经济学，是现代经济学的一个分支，主要以单个经济单位（单个生产者、单个消费者、单个市场经济活动）作为研究对象分析的一门学科。它是研究社会中单个经济单位的经济行为，以及相应的经济变量的单项数值如何决定的经济学说。它研究的基本问题是资源配置的决定，其基本理论就是通过供求来决定相对价格的理论。所以微观经济学的主要研究范围包括消费者选择、厂商供给和收入分配。

1978年的中国经济体制改革，其实质就是从计划经济向市场经济的体制转型。市场化取向的体制转型在客观上要求我们必须对市场机制运作原理以及市场化机制形成过程本身都应该有比较清晰的认识。只有这样，中国经济体制改革才能逐步深入推进并取得成效。因此，随着市场经济的飞速发展，我们对微观经济理论基础的认知及其应用拓展的研究显得尤为必要，不仅可以为中国经济的发展提供理论依据，还可以积累实践经验，从而为中国经济未来的发展路径提供一定的指引性作用。

本书第一章从经济学的基础理论入手，简要阐述了经济学基础概念、内容与方法及经济学的特色与模型。第二章立足于微观经济学的理论体系，对微观经济学的研究对象、研究方法和微观经济学的体系框架，以及研究背景和主要理论进行逐一讨论。第三章在均衡价格理论的基础上，引出了全书的重点部分，也就是第四至七章，分别对消费者、生产者、成本的理论和应用及市场失灵与微观经济政策进行了较为详细的论述。本书注重实际，突出应用性，力求与我国的市场经济实践相结合。全书结构明确、思路清晰，内容简明易懂，可供相关院校经济管理专业的学生学习和使用，并为从事微观经济学教育和研究的广大工作者提供参考和借鉴。

由于作者学术水平所限，本书在编写过程中借鉴和参考了一些专家和学者的研究成果，如有错漏之处，恳请批评指正。

作　者
2020年10月

目　录

第一章　经济学基础理论

第一节　经济学基础概念

一、选择

作为经济学十大原理之首,选择即是指在制定决策时人们在不同的目标当中进行权衡取舍。在生活中,权衡取舍随处可见,即使是从未学习过经济学的人也会深有体会。例如,逛街时你同时看中了两件衣服,你会犹豫到底选择哪一件,今天晚餐吃意大利面还是兰州拉面,大学毕业后是选择继续读书深造还是工作,选择什么类型的工作。我们时时刻刻都会有意无意地运用经济学原理进行选择和取舍。

学习和研究经济学的意义在于帮助我们在权衡取舍中选出最优的方案。比如大学毕业之后,你找到了一份工作。有了固定工资之后,你会根据自己的收入水平、工作所付出的时间以及自己的喜好来决定买什么东西。可能你想买的东西很多,可惜工资就只有那么点,所以你总是觉得钱不够花。其实这里隐含着一个基本的经济事实:资源是有限的(工资是有限的),我们应该怎么做才能最有效地利用资源来满足我们的需要呢?

经济学研究的是一个社会如何利用有限的资源生产有价值的物品和劳务,并将它们在不同的人群中间进行分配。这个概念的背后隐藏着两个核心思想:稀缺性和效率。所谓稀缺性,也就是说资源是有限的;效率即我们必须最有效地使用有限的社会资源来满足人们的愿望和需要。

我们并不是生活在一个拥有无限可能性的乌托邦世界里,而是生活在一个充满着经济品稀缺的世界当中。那么我们应该如何有效地利用资源呢? 相对于人们的欲望而言,我们想要的东西永远都是不够的,我们却没有那么多可用的资源。试想一下,如果资源是无限的,我们想要的东西应有尽有,那我们还需要煞费苦心地进行选择吗? 就像我们前面所提到的选衣服的例子,如果资源(工资)是无限的。我们还会在两件衣服的选择之间发愁吗? 不,我们根本不需要取舍,两件都买就行了。然而,正因为资源是稀缺的而人的欲望又是无限的,所以人们不得不有所取舍来进行选择。

经济学家从权衡的角度来看待选择:对比每个选项的成本与收益,整体效益最大的方案即为最佳方案。所以,如何权衡稀缺资源的分配正是现代经济学的精髓。英国经济学家莱昂内尔·罗宾斯(Lionel Robbins)认为:经济学是研究人类行为的科学,其核心是研究人的行为与稀缺资源的最终用途之间的联系。现在,我们分别从个人、家庭、企业和国家几个层面来理解选择。

(一)个人层面

我们以一个经济学专业的大学生为例。通常,一个刚进大学的大一新生将会学习很多课程,有公共基础课(如高等数学、计算机等),也有专业基础课(如经济学基础等)。可是,一天的时间就只有 24 小时,所以他必须思考如何分配最宝贵的学习时间,他可以选择将全部时间花在经济学的学习上,也可以将全部时间花在高等数学的学习上,或者将时间在这两门学科之间进行平均分配。

假如他花一小时的时间去学习经济学,那么他就必须放弃本来可以用于学习高等数学的一小时时间,反之亦然。如果他将所有的学习时间全部用来学经济学,那么他用在高等数学上的学习时间肯定就少,他的高等数学就有可能因为学习时间和精力投入太少而学得非常糟糕,甚至会影响到今后经济学专业高级课程(如计量经济学等)的学习。此外,他所面临的选择不仅仅是涉及学科与学科之间的学习时间分配,他还需要在学习和休闲娱乐之间进行抉择。时间有限,他该如何在学习和生活之间保持平衡呢? 如何最高效地利用这些时间去做他想做的事情呢? 例如,如果他在学习上多花 1 小时,这就意味着他将放弃原本可以用于打游戏的(休闲)1 小时时间。总之,他必须选择如何分配有限的资源(时间)从而让自己受益最大。

(二)家庭层面

一般来说,一个家庭的开销基本上会用在购买食物、衣服或者旅游,抑或是储蓄一部分收入以备将来就医或退休或子女们读书之用。如今,很多家庭都会给小孩报各种补习班,每年支出数万甚至数十万元不等。加大在子女教育上的投入,必然会影响这些家庭在其他方面的支出。因为当他们在一种商品或服务上得多花出一元钱,在收入不变的情况下,就意味着他们在另外一种商品或服务上少花一元钱。

(三)企业层面

在提倡绿色环保,强调环境保护的今天,法律法规规定企业必须减少污染排放,所以企业不得不加大在节能减排上的投入力度。由此,企业生产商品和服务的成本就必然会增加,从而产生一系列连锁反应:企业利润减少了,支付员工的工资降低了,所生产的商品价格也会提高,或者是这些后果同时出现。尽管污染管制给我们带来了更加清洁的环境,但其代价是使受管制企业的企业主、员工和消费者的收入都减少了。

(四)国家层面

即便是国家也同样面临着各种不同的选择,其中比较经典的是"大炮和黄油"之间的权衡。一个国家把更多的钱投入到国防(大炮)用于保护自己的国土不受外敌侵略,那么投入到改善国内生活水平的消费部分(黄油)势必就会减少。现实生活中,国家的确需要权衡利弊、全盘考虑一国的财政支出问题。在市场经济条件下,政府为了维持社会的安定和谐、国家机器的正常运转、生态环境和经济环境的合理改善等问题而进行必要的投入,包括科技、国防社会保障补助、基本建设等方方面面。关系国计民生,政府需要权衡轻重合理利用财政资金,找到最优选择以满足国家各项工作及职能需要。

当政府制定政策时,常常会面临着在两个相互冲突的目标之间的选择,即效率和平等。效率是指社会从它的稀缺资源中获得最大收益。平等是指这些收益在社会成员之间的平均分配。如果我们把一个国家的经济比喻成一个蛋糕的话,效率是指经济蛋糕的大小,而公平是指如何切分这块蛋糕。最完美的情况是蛋糕越大越好,蛋糕分给每个人时越平均越好。然而,这两个目标却是互相冲突的。例如,很多政策的目标是使财富分配更公平,如个人所得税,要求高收入人群比其他人缴纳更多的税。这些政策在实现更高公平性时,却降低了效率。当政府将收入进行再分配(从富人那里再分配给穷人)时,这种做法削弱了努力工作的回报。结果,人们的工作积极性降低,工作时间变得更少,商品和服务生产量减少。换句话说,当政府试图将经济蛋糕切得更平均时,蛋糕本身就变小了。

二、机会成本

由于人们面临着权衡取舍,所以,往往在决策时会比较所有可行方案的成本和收益,最终挑选出最优选择。然而,无论我们如何选择,在任何选择中我们难免会放弃一些东西。经济学家认为,人们为了得到某件东西而放弃的其他东西的价值就是机会成本。

机会成本,又称为替代性成本、择一成本,是指经济决策过程中,因选取了某一方案而放弃另一方案所付出的代价或丧失的潜在利益。机会成本的概念有助于我们明确资源是否得到了最佳利用。然而,在很多情形下,某些行动的成本并非那么明确。例如,大学毕业时,我们是选择继续考研还是工作呢?继续深造的主要收益是学历水平的提高和拥有更好的工作机会的可能。可是,为此你需要付出一定的成本,不仅仅是学费、书本费、住宿膳食费等费用的总和,还有机会成本。这时的机会成本是指如果你当时选择了工作,每个月的工资就是你选择读书的机会成本。

经济学中的选择性和机会成本的概念能够帮助我们更好地分析在何种情况下做出何种选择。经济学家认为最好的选择来自于理性的比较。无论是小至人生道路的选择、企业经营战略的设定,还是大至国家大政方针政策的制定,都要有一个策略选择的问题。有选择是好事,每个人都希望自己能有选择,但是选择太多也是一件为难的事情,到底应该怎么选才是最好的呢?人们都希望自己的选择是正确的,即使不是最好的,至少也是比较好的。到底我们应该怎么做才能帮助我们进行选择呢?步骤很简单:①列出所有可以采取的行动;②分析每个行动可能会产生的后果;③评估每种结果可能发生的概率;④自己对每种结果的渴望程度;⑤选择。人生就是一个不断选择的过程,首先你要明白自己想要什么,然后计算成本和收益、评估风险,也就是看这件事情到底值不值得去做,选好之后,全力以赴做到最好。

三、理性假设与边际思考

人性假定是经济学的第一块基石,经济学的大厦就建筑在这块假设的基石之上。所谓理性假设就是假定人们是充满理性的。经济学家认为人们都是理性人,具备一定的逻辑和一贯性,能够理性判断各种经济变量对经济的影响。这种自利行为源于个人自身内在的生物学和心理学动因。就像米尔顿·费里德曼(Milton Friedman)所提出的观点一样,植物朝着太阳生长,因为叶子需要阳光来进行光合作用,所以向阳的那一面叶子会长得更加茂盛。换句话说,经济学家们认为人是自私的,人与植物一样,会尽可能地以最小代价达到最佳效果。在经济学理论中,自私和理性是同一个意思。经济学家的理性假设是以人们能够收集并评估获取的信息为前提的。也就是说,人们能够全面了解不同商品或服务的价格和特性,并且能够轻而易举地获得最佳的选择方案。但事实上,完全信息假设并不符合现实状况,而且人们往往反复无常,十分感性,常常根据自己以往的经验来做决定。

经济学家使用边际变动这个术语来表示对某个已存在方案的微小增量的调整。边际变动源于数学,它表示在事情的边缘处所做的微小调整。边际分析法是经济学里最重要的分析方法之一。经济学的基本假定是理性,经济学家用数学里求极值的方法来表达这个假定。理性人在决策时通常要把边际收益与边际成本进行比较。有些难以用其他方法解释的经济现象,用边际进行解释则会比较容易。如经济学里的经典例子——钻石和水。为什么水那么便宜而钻石那么昂贵?价格悬殊的原因在于人们对商品的支付意愿,取决于额外增加一单位该商品所产生的边际收益,边际收益又取决于人们已经拥有的该商品数量。尽管水对生命来说是必需的,但是由于地球上的水很多,所以额外增加一杯水的边际收益却很小。相反,钻石并非生存必需的,但由于钻石非常稀缺,人们认为额外增加一粒钻石的边际收益很大。当商品的边际收益大于它的边际成本时,理性决策者才会选择做这件事。

四、激励

激励是指诱使或迫使人们做某件事情的诱因,例如可能的惩罚或奖励。由于理性人在决策时会比较边际成本和边际收益,他们会在对比研究各种可能的结果之后对激励做出反应。激励在日常生活中比比皆是,例如,很多家长会告诉小孩:"如果你考试考了100分,我就给你买你喜欢的玩具。"尽管这种做法存在诸多弊端,但是很多家长却乐此不疲地这么做,因为这种激励的效果往往立竿见影,小孩会立即自觉地认真学习和复习,就是希望能考到满分买到心爱的玩具。

在市场经济中,激励也无处不在。例如,如果猕猴桃涨价,从买方(消费者)角度来看,理性人的自然反应肯定是决定少买一些猕猴桃。但是,从卖方(生产者)来看,果农看见猕猴桃价格飞涨,很有可能会决定多雇佣一些工人、多摘一些猕猴桃,甚至可能会加大投资希望增加来年的猕猴桃产量,多赚些钱。此时我们看到了价格变化对消费者和生产者行为的不同影响,也就是说,面对同样的激励,人们的角度不同,所做出的反应也是不一样的。

再来看一个例子,我们来想想看为什么我们能在淡季买到打折机票呢?对于航空公司而言,安排一个航班需要一大笔钱。无论该航班有多少乘客,这笔钱都是航空公司必须支付的。对于航空公司而言,无论飞机上坐满了乘客或是乘客寥寥无几,它都必须按照既定的航线在规定时间内照常飞行。所以,如果飞机上有很多空座位,那么航空公司岂不是会亏本很多?为了吸引更多的人购买机票,挽回损失,航空公司该怎么办呢? 理性的企业会使用各种促销手段,加大宣传力度,增加机票的销售量。对于消费者而言,打折促销这种激励是利好的,大家都愿意少花钱。而企业通过这种激励来影响消费者的行为,让乘客低价购买机票搭乘航班捞回一些损失何乐而不为呢。

从国家层面来看激励,公共政策制定者可以较好地利用政策对激励的影响来改变人们面对的成本和收益时的选择,从而改变人们的行为。例如,政府为了保护环境,提倡节能减排,对电动汽车给予了很多优惠政策和补助。尽管电动汽车还有很多技术不够成熟的地方,但是很多人仍会选择购买电动汽车。另外,政府采取提高市区停车费用的办法,可以鼓励人们拼车或选乘公共交通,这样可以大大地缓解市区交通拥堵和停车困难的现象。

五、偏好与效用

经济学家认为一个人的幸福程度取决于他的偏好是否得到满足。偏好是微观经济学中的一个基础概念,指消费者对某一种商品或服务的需求。人的偏好是有差异的,即所谓"萝卜白菜各有所爱"。偏好是主观的,也是相对的。主观是因为它是个人对与事物的评价,相对是因为一个人的主观偏好会随着时间的推移而变化,受到诸多因素的影响,如原有的习惯、身体条件的变化、工作环境的改变和社会环境影响等。

效用这个概念与偏好息息相关。同样的东西对不同的人而言会产生不同的效用。在给定的可自行选择的前提下,理性人会有条理地而且有目的地尽自己所能来实现自己的目标。

在经济学中,你会发现企业需要决定雇佣劳工的数量以及决定生产和销售的产品数量来实现利润最大化。对于个人而言,无论是把钱花出去(购买食物或旅游等)还是选择把钱存起来,所有的决定都是为了实现效用最大化。在消费领域,效用这一概念用来衡量消费者获得满足或幸福的程度。某一种商品或服务对消费者是否具有效用,取决于消费者是否有购买这种商品或使用这种服务的欲望,以及这种商品或服务是否具有满足消费者欲望的功效。

偏好与效用的关联在于:效用的大小取决于偏好程度。对某个物品的偏好程度越大,它的效用就越大;偏好程度越小,效用就越小。例如,某个男同学非常喜欢一款网络游戏,即主观评价高、效用大,他会不惜用高价购买游戏并升级各种游戏装备,由此而来,游戏厂家必然从中获利。但另一个男同学并不喜欢这款游戏,即主观评价低效用小,所以不愿意投入太多。当游戏的定价高于他的需求价格时,他会选择不去购买和使用该游戏,那么游戏就卖不出去,游戏厂家就可能会赔本。可见,能否对消费者心理做出深度分析和准确判断是商家经营成败的重要因素。

此外,我们还需要理解边际效用递减规律。这是经济学中的一个著名规律,是指消费者在一定时间内增加一单位商品的消费所获得的效用量呈递减趋势。例如,在寒冷的冬季,喝一杯热巧克力会使你感到非常温暖舒适。喝第二杯,感觉也还不错。但如果你继续喝第三杯第四杯甚至更多杯,你会感觉如何呢?如果说第二杯热巧克力带给你的满足感跟第一杯一样的话,那么第三、第四甚至第十杯热巧克力给你的满足感还能跟第一杯一样吗?很显然,随着数量的增加,你会觉得热巧克力越来越腻,越来越难喝,原本非常可口的热巧克力也会变得难以下咽。由此可见,我们在消费某种物品的时候,随着消费数量的增加,等的消费品所带来的满足感会越来越小,也就是说边际效用会越来越小,这种情况几乎存在于所有的消费品当中,这就是所谓的边际效用递减规律。

在理解边际效用递减规律的时候,我们要注意以下三点。

1. 边际效用和总效用的区别

边际效用是指最后一单位的消费品所引起的效用的变化。边际效用递减并不意味着总效用减少,只是说最后一单位的消费品所带来的效用比前一单位的效用要小。在边际效用递减的过程中,总效用可能依然会增加,只不过增加的幅度在变小而已。热巧克力的例子就能帮助我们很好地理解两者的区别,随着热巧克力的消费数量增加,边际效用是递减的,但是总效用确实在增加。在边际效用减少到零的时候,总效用停止增加,达到最大值。若边际效用继续递减变成负值的时候,那么继续消费会使总效用变少。

2. 边际效用递减是在一定时间内进行消费所产生的现象

这个规律蕴含着一个前提,即该消费者的偏好是不变的,而且他必须连续消费某种物品。比如你在吃米饭的过程中,边际效用是递减的。但是,如果你将米饭突然换成面条,边际效用递减的规律就不适用了。再比如,你吃完这顿饭之后去健身,运动结束后你觉得饿了然后又去吃饭,你就不能把这顿饭的效用跟上一顿饭的效用进行比较。

3. 特殊情况

在极少数情况下,对于有些消费品而言,消费量越大消费者越是感觉满足,但始终存在一个限度,在超过这个限度以后必然会出现边际效用递减规律。比如过年的时候许多人都喜欢边看电视边嗑瓜子,本来一开始不想嗑那么多,但却在不知不觉中嗑了很多瓜子，根本就停不下来。这种情况可以说前一阶段是边际效用递增的，但是当嗑瓜子的数量超过一定限度，比如让你嘴唇干涩起泡，此时，也会出现边际效用递减。但无论是何种情况，人们都会经历由满足转为厌烦（超过一定限度时）的过程。

六、GDP 与一国生活水平

我们对 GDP 的概念并不陌生，经常会在各大新闻媒体上听到或者看到关于 GDP 的报道，不只是因为 GDP 是一项关系国计民生的重要经济指标，同时也因为它是衡量一个国家经济活动的有效尺度。

GDP 即 Gross Domestic Product 的简称，翻译成中文就是国内生产总值，是指在一定时期内（一个季度或一年）一个国家或地区的经济中所生产出的全部最终产品和劳务的价值。从 GDP 的定义可以看出，它是反映一个国家（或地区）经济实力的核心指标。简单地说 GDP 就是在一段时间内，某个国家或地区总的劳动成果。值得注意的是，GDP 具有属地性质，它只包括国内生产总值，并不将国家与国家之间的往来收入转移计算在内。

所谓生产力是指每单位劳动投入所能生产的商品和服务的数量。在生产力高的那些国家，大多数人都享有较高的生活水平；而在生产力低的国家，大多数人仍在贫困中挣扎。类似地，一个国家生产力的增长率决定了该国人均收入的增长率。生产力和生活水平之间的基本关系非常简单，但它蕴涵的意义深远广泛。这就是为什么生产力至今仍备受关注的原因。

除了关注 GDP 的数值以外，各国政府还十分关注 GDP 的增长速度，它也是衡量一个国家或地区经济发展速度是否合理的标尺。国内生产总值涨幅大，反映该国经济发展欣欣向荣，国民收入增加，生活水平提高。反之，则代表该国经济衰退，国民收入减少，消费能力下降。但是，我们在研究 GDP 时，不能仅看 GDP 的增长率还得关注原有的 GDP 水平。比如，A 国的 GDP 增长率是 8%，B 国的 GDP 增长率是 3%，我们就能推断 A 国的经济增长比 B 国多吗？这可不一定。在比较增长率的同时，我们还得看 GDP 的基数有多大，单纯地比较增长率的大小是不科学的。

七、通货膨胀与失业

通货膨胀是指经济中总体物价水平的上升，说通俗些就是商品贵了、钱不再值钱了。如果通货膨胀率达到两位数，那意味着出现了恶性通货膨胀。尽管恶性通货膨胀的情况非常少见，但历史上，德国、匈牙利、津巴布韦等国家通货膨胀率确实曾达到过两位数。那么,造成通货膨胀的因素是什么呢？几乎所有重的通货膨胀或长期通货膨胀,都是由于货币数量增长所引起的。从根源分析,当政府发行了大量本国货币时将会导致货币的价值下降。

大部分经济学家认为社会的确面临着通货膨胀和失业之间的短期权衡取舍关系,通货膨胀与失业之间的这种此消彼长的关系图被称为菲利普斯曲线 ,这是由新西兰经济学家威廉·菲利普斯于 1958 年在《1861—1957 年英国事业和货币工资变动率之间的关系》中最先提出的观点。该曲线表明失业与通货膨胀存在一种交替关系,通货膨胀率高时失业率低,通货膨胀率低时失业率高。尽管仍有一些经济学家质疑这种观点,但是通货膨胀与失业之间的这种权衡意味着,在一年或两年时期内(即短期内),很多经济政策是顾此失彼的:有的政策降低了通货膨胀率却增加了失业率,有的政策减少了失业率却加大了通货膨胀率。不管通货膨胀和失业起始点是在高水平还是低水平抑或是介于上述二者之间,政策制定者都面对着这种权衡。政策制定者可以使用各种政策工具来调整通货膨胀和失业之间的关系,比如通过改变政府支出、征税量和发行货币量等方法影响商品和服务的总体需求。总需求的变动反过来又会影响经济在短期内的通货膨胀和失业组合。由于这些经济政策工具的潜在力量巨大,政策制定者如何使用这些工具来管制经济,一直是经济学家不断争辩的话题之一。

八、经济周期

经济周期是指根据商品和服务的产量或就业人口数量等指标进行衡量所推断出的经济活动出现不规则的且难以预测的波动。在宏观经济学中,有些经济学家把短期的经济变化称为商业周期,把长期的经济变化称为经济增长。但其实这些都是指国民收入或社会财富的周期性变化,即周期性出现的经济扩展与经济萎缩交替更迭、循环复往的现象。具体表现为国民总产出、总收入、总就业的波动,以及国民收入或者总体经济活动扩张与紧缩的周期性波动。

通常情况下,经济周期分为四个阶段:繁荣、衰退、萧条、复苏。对于企业而言,经济周期是永远逃不掉的轮回,其经营状况的好坏不仅取决于企业自身的内部运营,还与企业所处的外部经济环境息息相关。一般来说,经济处于繁荣阶段时,市场充满生机,企业蓬勃发展,个人充满信心。经济萧条时,股市低迷,企业生存危机四伏。

关于经济周期的成因,一直众说纷纭,系统归纳起来大概可以分为三类。①外因论。支持这一派思想的经济学家们认为经济周期起源于经济体系之外的因素,如战争、革命、选举、金矿或者新资源的发现等。②内因论。支持这一观点的经济学家们认为经济周期源于经济体系内部,比如成本变化及市场机制中的投资等。③综合论。支持这类观点的经济学家综合了内部和外部因素,他们认为经济周期的产生并非由单方面原因所造成的,而是诸多经济因素共同作用的结果。在不同的经济周期中,企业的经营状况不同。当经济衰退时,企业经营状况恶化,生产下降、股票下跌当经济复苏时,企业经济效益好转,销量大幅提高,股价开始回升,红利增加。

纵观实例,一个社会的长期经济增长常常受到总供给方面诸多因素的影响。归根结底,我们可以看出经济表现主要取决于:①生产要素的投入数量;②生产要素效率的提升。所谓生产要素,包括土地及其他自然资源、资本和劳动力。由于土地等自然资源是一种特殊形式的资本,所以,资本和劳动力是影响长期经济增长的两个基本要素。在其他条件不变的情况下,资本和/或劳动力投入数量越多,产出就越大。此外,不仅仅是投入数量的变化会影响经济,经济增长还与生产要素效率的提升有关,也就是我们常说的实体经济中创造财富能力的改变。传统的经济增长理论都把经济持续增长的源泉归结于技术进步,因为资本和/或劳动力投入的增加可以在一段时间内促进经济增长,但受到边际产量递减规律的约束,即使不断增加这些生产要素的投入,但终有一天,经济增长速度还会减缓下来,而唯有技术的进步才能突破这条铁律的约束,提高财富的生产能力。若用图形来表述的话(你可以自己动手画画看),增加资本或劳动力的投入是沿着同一条向右下方倾斜的边际产量曲线移动,而技术进步的作用则是使得整条边际产量曲线向右移动。

另外,人们的预期对经济周期的变化也有很大影响。财富需要靠人们去使用才能把它的生产能力发挥出来。如果人们对未来的预期持悲观态度,一方面,人们会采取防御性措施,把消费支出花在较为稳妥的投入上面,这样的做法无助于增加未来的产出;另一方面,对于容易流动的资产(财富)而言,为了保险起见,人们会采取行动对这些资产进行保护,有时它甚至会流出国外,从而直接减少一国之内的财富。

再者,虚拟经济与实体经济是否有脱节也会对经济造成一定的影响。虚拟经济的价值衍生于实体经济,如果它们之间的联系脱节了,反而会干扰人们对实体经济的正确认识,那么信息费用会增加,人们就没办法正确地使用财富了。也就是说,财富的生产能力得不到最好的发挥,从而导致产出下降,经济表现不理想。

第二节　经济学研究内容与方法

一、经济学研究对象

(一)稀缺性

人类的生产与生活必然要依赖各种资源,资源就是用来生产那些满足人们需要的产品(劳务)的手段或者物品。除了时间与信息两种重要的资源外,经济学讨论的资源基本上有三种:人力资源、自然资源和资本资源。人力资源是人的智力和体力的总和,既包括一般劳动者和受过训练的各类专家,也包括企业家在寻找资源、创办企业中的组织、协调、指导和管理生产等方面的特殊能力,自然资源是指自然赋予的资源,如土地、森林、矿藏、河流等一切自然形成的不含有任何人类劳动的资源;资本资源是指人们制出来用于生产的手段或原材料,如生产工具、机械设备、厂房等。如果将资源进行细化.则主要包括土地(可广义地理解为是自然资源)、劳动、资本和企业家才能。所有这些,都是经济社会进行生产必不可少的因素,因此也叫做生产要素,其中,土地和劳动又可合称为初级生产要素。

人们的欲望是无穷无尽的,满足了一种低层次的需要,就会产生一种更高层的新需要。20世纪80年代初,中国人追求的还是温饱;到了20世纪90年代,人们需要的则是家电;20世纪90年代末,人们想得到电脑和手机;而现在,人们开始购买住房和汽车。在任何一个时间点上,资源的供给往往与人们的需要呈现矛盾,而所谓的"理性",就是学会如何在稀缺的资源约束下,做最正确的事情。与人的无穷的欲望相比,资源总是"稀缺"的。每个人都面临稀缺问题,不管是穷人还是富人。每个社会也都面临稀缺问题,不管是穷国还是富国。

不过,还有一些原本"稀缺"的东西,却随着时代的进步变得很丰富,于是不值钱了,比如粮食、生活用品、塑料制品等。小说《飘》中有这样一个情节:斯佳丽小姐的父亲,用半辈子的时间,辛辛苦苦攒了一箱的纸币,可这些纸币却因为南北战争而变得一钱不值,这也是稀缺性随历史条件而变化的一个例子。不过,自古以来,有种东西一直是稀缺的,那就是以黄金为代表的贵重金属。所以, 黄金在各个时代都是人们囤积的对象。

稀缺性也是因人而异的。对于失业者来讲,时间对他是充裕的、廉价的,而资本(或者金钱)则是稀缺的;相反,对于事业成功的工作狂来讲,时间对他可能是一个奢侈品,而资本却是富足的。

自然,这种资源的分配不均,必然要通过交换来实现。而在交换的过程中,"稀缺性"造就了一种商品的价值。在今天的市场经济中,商品的效用是人们价值判断的基础而对价值的判断直接影响了商品的价格。因此对效用的判断也直接影响了企业的利润。

自然价值也是一种主观心理现象,它起源于效用,又以物品稀缺性为条件。既然价值带有主观性,人们在交易中,判断"值"与"不值"时,往往根据的不是客观的最大效用,而是根据主观的期望,这被经济学家称为"期望效用"。大多数情况下,人们常常不能合理地判断出商品的最大效用。

稀缺是经济学对客观存在的基本概括,是一个最高的抽象。正是因为最高抽象,所以,稀缺的存在性只能列举而无法证明。没有稀缺性就不存在任何经济学问题,稀缺是经济学的前提。资源是稀缺的,一方面,一定时期内物品本身是有限的;另一方面,利用物品进行生产的技术条件是有限的,同时人的生命也是有限的,物质生活资料的稀缺是由生产要素的稀缺所决定的。个人期望得到许多物品和追求许多目标,对每个人来说,至少有些物品是稀缺的。在一个社会里,每个人都不可能满足自己的全部需要。因此,社会中的稀缺是普遍存在的。我们每个人都可以感到身边稀缺性的存在,如交通拥挤、住房紧张、收入有限、时间不够用、政府财政吃紧、能源危机等。

匈牙利的经济学家科尔纳(Korner)从广义角度综合考察稀缺性现象,他认为稀缺性应当包括各种不同的现象,如劳动力、原材料、部件或电力不足是稀缺现象,消费品不足和住房现象、排队购买商品等是稀缺现象,而观念上的排队如等候安装、调试通知、等候就医、等候通知入学等都会占用宝贵的时间,也是稀缺现象,受教育的机会受限制等同样是稀缺现象。这些稀缺现象以各种不同的方式影响着人与人之间的关系,影响到社会体制和社会发展。

如此,人类社会将面临这样的问题,如何利用相对稀缺性资源来满足人类不断增长的各种欲望和需求?这已是经济学所要研究和解决的问题。怎样以一定代价取得最大效益已经成为人类生存和发展需要遵循的原则,也是西方经济学分析问题的出发点。

(二)选择性

选择性指从资源开发、产品的形成到需求满足的过程存在着许多可替代,可选择的途径、方法。一方面,现实中资源通常有很多用途,同一种资源可以发挥不同的作用,而不同的资源又可生产相同的物品,如一定量的劳动、土地、资本,既可用于农业生产,也可用于工业生产,即使用于农业或工业生产,也存在生产哪一种产品的问题,人们要根据市场需求来进行权衡比较,把稀缺性资源安排于不同用途,要决定每一种产品所投入资源的多少,另外,时间如何安排,资金如何支配等,面对这些问题的权衡与决策,实际上都反映了选择性问题。另一方面,当人们利用稀缺性资源安排生产时,常常还面临着用什么方法生产的问题,即同一种产品往往可以通过不同的方法去生产,每一种生产方法实际上反映了特定的生产资源的组合,如一定产品可通过不同的方法去生产,每一种生产方法实际上反映了特定的生产资源的组合,如一定产品可通过劳动密集型方法生产,也可通过资本密集型方能生产,这受制于技术发展水平或资源稀缺程度。显然,合理的生产方法、方式的选择,可使稀缺性资源获得高效率的利用。

选择是在一定的约束条件下,在不同可供选择的事件中进行挑选的活动。经济学意义上的选择就是对资源的配置,即如何利用既有的资源去生产量多质优的经济产品,以便更好地满足人类的欲望。

生活中充满了选择,如果做出的一项选择而不能不放弃另一项选择,那么,这另一项选择在实际上可能的最高代价,被称之为该项选择的机会成本,由于资源的稀缺性,我们必须不断地决定如何使用有限的时间和收入,当你决定是否上大学、是否学习经济学、是否去上网、是否购买股票时,在每一种情况下,你的问题是做出一项选择要放弃多少其他的机会,那些被放弃的选择称为选择的机会成本。

从理论上说,机会成本是某项资源改作他用的各种可能中最优势的选择,但由于信息不完全,所以只能说它是其他使用中能够令人满意的选择,如使用资本的机会成本至少是银行利息,使用劳动的机会成本至少是劳动者闲暇。因此,完整地看,一项决策要运用多项资源,其机会成本应当是使用这多种资源的机会成本的总和。

二、经济学研究内容

（一）如何有效配置资源

选择是稀缺的一种逻辑延伸,面对社会稀缺的资源,人们需做哪些选择? 消费者、企业、政府等各种各样的选择汇总起来就是对稀缺的资源如何进行合理配置,资源配置包括以下三个方面的问题。

1.生产什么,生产多少

目前存在的资源应用于哪些方面,不同方面的用量又应该是多少? 如 1 吨钢铁生产什么,汽车还是飞机? 若生产飞机,生产多少最好? 对整个社会而言,必须选择生产多少自行车、汽车、粮食、衣服等各种商品,选择把多少资源分配到金融、医疗、旅游、教育等劳务提供部门,在市场经济条件下,价格是指示和调节资源配置最重要的信号,主要取决于企业与消费通过市场实现的相互作用,同时政府也在发挥重要作用。在计划经济条件下,生产什么主要是由少数计划者依据他们对社会需要和偏好的理解来决定的,因而,经济学关注为什么有的商品比别的商品价格高,什么因素导致商品相对价格上升或下降,价格变动如何引导人们行为和资源配置方式发生改变。

2.如何生产

如何生产就是对生产要素进行具体组织的问题,即生产要素组合用什么方法。它包括:①使用什么资源。②用什么技术生产。③采用什么样的组织形式。蔬菜生产,已经决定生产蔬菜和生产多少蔬菜了,接下来的问题是,用大棚生产还是传统的生产,是资源密集型生产还是资金、技术密集型生产,是以国有企业的形式生产还是以私有企业或股份制形式生产,对此都要做出选择。从直接关系上看,采取某种生产方式是由生产者选择行为决定的。企业选择生产方式受什么因素的约束? 为什么中国与外国农民采用不同生产方式? 为什么把不同国家的生产方式进行简单移植不一定能够成功? 这都是经济学需要研究的基本问题。

3.为谁生产

为谁生产是分配问题,就是产品分配给谁的问题。产品如何进行分配? 由于稀缺性的限制,不能保证每个社会成员都能够获得希望得到的所有商品和劳动,所以,必须形成一套机制对生产出来的产品进行分配,产品和财富分配机制是否合理和公平是分配的核心问题。计划经济体制下,对于一般公众实行平均分配原则。

市场经济条件下什么因素决定收入高低？为什么一个球星的收入是一个农民收入的几百倍，甚至几千倍？怎样控制收入分配差距过大？政府是否应当帮助最贫穷的居民得到最基本的消费品？这些都是经济学分析的另一组问题。

（二）如何充分利用社会资源

稀缺的资源是否能得到充分利用呢？在现实的经济社会中，经常有劳动者失业、生产设备和自然资源闲置的问题。这就是说，一方面资源是稀缺的，另一方面稀缺的资源还得不到充分利用。还有一个现实的问题就是，很多企业一味追求增长速度，置环境污染与资源浪费于不顾，造成生产能力的长期衰退。例如某些小煤窑只图眼前利益的掠夺性开发将导致矿难连连和煤矿的快速衰竭。

资源配置研究人们如何进行选择，把有限的稀缺资源分配到各个生产领域，并将生产的物品分配到社会成员，这是微观经济学的研究领域，充分利用资源，需要研究整个国民经济的运行，让资源既不闲置又不过度使用，达到经济可持续增长的目的，这是宏观经济的研究领域。

三、经济学研究方法

（一）实证分析与规范分析

对经济现象进行分析通常采用两种不同的方法：一种是判断经济现象的事实，并确定经济变量之间的数量关系，这属于实证分析；另一种是从个人的价值观出发，对这一现象做出评价，这便是规范分析方法。

实证分析是回答事物"是什么"的问题，是超脱或排除人们对事物的主观价值标准，通过描述事物运动过程，反映事物一般现象，揭示事物内在联系及运行规律的研究方法，经济学中的实证分析主要是通过揭示有关经济变量之间的函数关系和因果关系，分析和预测人们经济行为的效果，它解决的问题是：在既有的假定条件下，如果做出某种选择，将会带来怎样的经济后果，例如，在充分就业以前，失业与通货膨胀之间存在反方向的变动关系，扩张性的经济政策使用时，会出现一定的通货膨胀；紧缩性的经济政策在降低通货膨胀的同时也会减少就业。政府重视就业的后果是通货膨胀，政府抑制通货膨胀的后果是失业。对失业与通货膨胀之间关系的这种分析就是实证分析。当经济学运用实证分析方法来研究经济问题时，就称为实证经济学。

规范分析是回答事物"应该是什么"的问题，是以既定的价值判断标准为前提,来分析和评价事物发展状态的研究方法。经济学中以规范分析是从一定的价值判断出发,提出某些标准作为处理经济问题的准则,并以此为基础探讨符合这些标准的途径。它解决的问题是分析处理经济问题应该是怎样的。例如,同样是研究失业和通货膨胀问题,两位经济学家可能都认为它是可以由事实来验证的,也都认为通货膨胀是坏事,增加就业是好事,但在政府如何权衡通货膨胀和失业这个问题上却出现了分歧:一个人可能认为应该优先考虑增加就业,另一个可能优先考虑除低通货膨胀。之所以如此,是由于二者的价值判断有差异。关于权衡通货膨胀和失业的问题就是一个规范问题。当经济学运用规范分析方法来研究经济问题时,就称为规范经济学。

实证分析和规范分析是两种不同的分析方法,它们既有区别也有联系。它们的区别主要表现在以下几个方面。

(1)二者分析问题的前提不同

实证分析不需要任何价值判断,只需要在既定的假设条件下,找出经济变量之间的因果关系,而规范分析总是与一定的价值判断相结合,离开价值判断,就不可能对经济事物进行评判。

(2)二者回答的问题不同

实证分析回答"是什么"的问题,而规范分析回答"应该是什么"的问题。实证分析研究经济变量之间因果关系的结果,最终总能给人们一个确定的回答,告诉人们是什么或不是什么。规范分析则没有这么确定,其侧重点在于研究事物应该是什么。

(3)二者命题的客观性不同

实证分析的命题最终要用经验事实来验证如果经过验证,该命题是正确的,那就可以肯定;反之,如果经验证该命题是错误的,那就可以否定,或者进行修改,使之正确后再回以肯定。因此,实证分析的命题具有客观性,有正确和错误之分。规范分析由于人的立场、观点和伦理道德标准不同,对同一经济问题不同的人会有不同的看法,甚至是相反的看法,因此,规范分析的命题不具有客观性,没有正确和错误之分。

尽管实证分析和规范分析是两种不同的分析方法,但二者之间存在着密切联系。一般来说,实证分析需要以规范分析为指导。实证分析命题的选择,假设的确定,方法的采用都涉及研究者的价值判断问题。规范分析需要以人们的实证经验为基础。价值判断往往产生于一定的实证分析结论,为什么一个人有这样的价值判断,而另一个有那样的价值判断? 这主要取决于他们的实证经验。

因此,经济学的研究既需要实证分析,也需要规范分析。二者的结合运用,才能确保经济研究的正确方向,才能找出经济运行的规律。

(二)均衡分析

在经济学中,经济体系在相互抗衡的力量作用下,会处于一种相对静止不再变动的状态,这种状态被称为均衡状态。在均衡状态下,经济决策者感觉重新调整资源配置方式已不可能获得更多的利益,从而不再改变其经济行为,各种经济变量不再变动。

均衡分析就是在假定其他条件不变的前提下,考察经济体系达到均衡时出现的状态以及实现均衡状态所需条件的研究方法。均衡分析可以分为局部均衡分析和一般均衡分析。

局部均衡分析是用于单个市场的均衡分析。它在分析一种商品价格决定时,总是假定"其他条件不变",即假定该种商品的价格不受其他商品价格供求的影响,仅取决于本身的供求状况。

一般均衡分析是用于多个市场的均衡分析方法。一般均衡分析在分析商品的价格决定时,不仅考虑其本身的供给与需求,而且还要考虑其他商品的价格及供求情况。一种商品价格和供求的均衡,以所有其他商品的价格和供求的均衡为前提。对一个市场经济所做的经济分析既可以覆盖所有的市场,也可以包括一个或数个市场,前者为一般均衡分析,后者为局部均衡分析。局部均衡分析是由英国经济学家马歇尔(Alfred Marshall)提出的。它考查经济系统中的一个或数个消费者,一个或几个生产者、一个或数个企业或行业,一个或数个商品和要素市场的均衡状态。例如,在分析某一商品市场均衡时,必须排除该市场以外的其他一切经济变量的变动对该市场所产生的影响,因此,必须假定其他因素不变才能对该市场进行均衡分析。一般均衡是由里昂·瓦尔拉斯(Leon Walras)提出的概念,它是经济系统中所有的市场同时达到均衡的一种分析方法。瓦尔拉斯认为,各个市场相互依存、相互影响,某一市场的变动会影响到其他市场的变化,因此有必要进行一般均衡分析。

(三)静态分析、比较静态分析、动态分析

从是否考虑时间因素的知名度,均衡分析可以分为静态分析、比较静态分析和动态分析。

1.静态分析

静态分析是一种分析经济现象的均衡状态以及有关的经济变量达到均衡状

态,所需要的条件分析方法。这种分析完全抽掉时间因素和达到均衡的变动过程,只考察任一时点上的均衡状态,注重经济变量对经济体系影响的最终结果,是一种静止的、孤立的分析经济问题的方法,应用静态分析方法经济学称为静态经济学。

2.比较静态分析

比较静态分析是一种考察或比较当原有的已知条件变化后,均衡状态的变化情况的分析方法。这种分析方法不论及原有的均衡状态到新的均衡状态的转变时期和过渡变化过程,只是对经济现象的有关经济变量变动后的结果与变动前的既定状态进行比较。应用比较分析方法的经济学称为比较静态经济学。

3.动态分析

是一种考察经济体系实际发展的变化过程,分析经济体系中有关经济变量在实践过程中的变化、各种经济变量之间的关系以及它们的变动对整个经济体系的影响的分析方法。这种分析法注重时间因素对经济体系变动的影响,把经济现象的变化当做一个连续不断的过程,考察经济变量在继起的各个期间里的变化情况,是一种期间分析方法。应用动态分析方法的经济学称为动态经济学。

静态分析、比较静态分析和动态分析是不同的分析方法,它们之间的区别主要在于是否考察了时间因素。静态分析不仅不区分经济变量的时间先后,把它们仅看成既定时点的变量,而且还略去变量调整所需要的时间和过程。它分析问题时假定自变量既定,来考察因变量达到均衡时的状态。如在均衡价格理论中,当分析某种商品的均衡价格和均衡产量时,假定作为自变量的需求状况和供给状况是已知的、既定不变的,在此前提下考察需求与供给达到平衡状态时应用的价格和数量。比较静态分析尽管也不考察变量调整所需要的时间和过程,但考察外生变量变化后,对均衡状态所产生的影响,如在上例中,决定需求状况的消费者对商品的偏好变化了,比如说是增加了,那么,在任一价格水平下,需求量就会比起初有所增加,如果供给状况不变,则均衡价格的均衡产量都会比起初增加,这是不同于初始状态的又一均衡状态。与静态分析和比较静态分析不同,动态分析则考察经济的实际变化过程。

第三节　经济学特色与模型

一、经济学特色

作为研究人类行为的学科,经济学家根本不可能像物理学家或者化学家那样通过各种各样的实验来验证自己的观点。为了在分析和解决问题时坚持科学家的客观性,唯有使用科学的方法提出理论、收集数据,然后分析这些数据以证明或否定自己或者其他人提出的观点。经济学有其独有的特点,主要包括以下几个方面。

1. 很多假设

通过各种假设,我们就能把纷繁复杂的经济现象变得更加简单清晰,这样,经济学家们就更容易理解和分析出事件背后的经济原理。例如,为了研究国际贸易的效应,经济学家所提出了两个国家-两种商品的假设,这当然与现实情况完全不相符。但是,假设世界只有两个国家组成,每个国家只生产两种产品,可以使我们将注意力集中在分析问题的本质上。一旦我们理解了简化的虚拟世界中的国际贸易,我们就可以更好地理解复杂现实世界中的国际贸易问题。

2. 数学公式

任何一本经济学的书籍,都会有很多数学公式。经济学离不开数学,尤其是高等数学,所以学经济学专业的学生一定会在大学一年级时学习高等数学和线性代数等基础课程。作为经济学的基础,我们不需要进行非常复杂的数学运算,也不需要进行数学推导。本书只是在个别章节涉及极小一部分数学运算公式,大家只需要看明白计算过程,理解公式背后所隐藏的经济原理即可,不需要进行复杂的数学推导和验证。

3. 经济模型

经济学家使用的经济模型,就像医生使用人体器官或骨骼模型来分析人体一样,不同的经济模型被用来分析各种各样的经济问题。经济模型是经济学的基本工具,它直观、准确地表达了数据或变量之间的关系,能帮助我们非常客观地分析经济概念、理解经济的发展和变动趋势。

此外,在翻阅经济学书籍的时候,你还会发现到处都是图形。经济学家通过图形形象地将复杂的经济理论一目了然地呈现给大家,让大家更加直观地了解经济理论。在经济学中,有些图说明了某个变量的变化情况,有些图说明了不同变量之间的相互关系,即说明两组或者两组以上的数据或变量是如何相互联系的。由于本书只涉及微观经济学的基础理论,所以书中出现的图形都是最基础最简单的图形,都是通过精挑细选,也都是最为重要的图形,因此图形数量并不多,而且都很简单。图形里的专用名称主要有以下几种。

(1)变量:是我们要研究的一种量,在不同的情况下,变量可以取不同的值,经济学研究的重要变量有价格、产量、收入等。

(2)曲线:我们通常把经济关系描绘成一条连续的、平滑的曲线。这里有个误区,很多同学以为曲线一定是弯 曲的,其实不然。在经济学里,曲线可以是一条直线,也可以是一条弯曲的曲线。

(3)斜率:当一个变量发生变化时另一个变量所发生的变化,即横轴上变量 x 每单位的变化所引起纵轴上变量 y 的变化,斜率的数学公式为:斜率 $=O_{xy}/Q_x$。若斜率是一个很小的正数,那么在图形上将会出现一条平缓的、向右上方倾斜的直线;若斜率是一个很小的负数,那么在图形上将会出现一条平缓的、向右下方倾斜的直线;若斜率是一个很大的正数,那么在图形上将会出现一条陡峭的、向右上方倾斜的直线;若斜率是一个很大的负数,那么在图形上将会出现一条陡峭的、向右下方倾斜的直线;无论斜率的数值是正数还是负数,曲线都有着共同的规律:斜率越大,曲线越陡峭,斜率越小,曲线越平缓。若斜率为零,那么 y 轴的变量是固定不变的,也就是说这条曲线是水平的;若斜率为∞,那么 y 轴的变量可以取任何值,x 轴的变量固定不变,这条曲线是垂直的。

(4)反向关系:两个变量沿相反方向变化(一个变量增加时,另一个变量减少,反之亦然)。

(5)正向关系:两个变量沿相同方向变化(同时增加或者同时减少)。

(6)曲线的移动:指曲线本身的平行移动(向左或者向右移动)。

(7)沿着曲线移动:指在同一条曲线上的不同的位置之间进行移动。

(8)时间序列图:某一特定变量如何随着时间的变化而变动。

(9)散点图:在图像上描绘出若干单个的点。

(10)多曲线图:在同一个图中绘出两条曲线,如我们常见的供需曲线。

二、经济模型

经济模型是用来研究经济是如何运转的一种方法。它是对从现实世界具体事件中抽象出来的现象的描述,通过对具体事件的抽象化,有意识地略去那些对所要研究的现象可以忽略的细节,集中精力去关注真正的要素。经济理论是经济实践的高度概括,经济模型则是经济理论的简明表达。经济模型具有语言文字、几何图形和数学公式三种表达形式。三种表达形式各自具有各自的特点:语言文字的分析比较细腻,几何图形的分析比较简明,数学符号的分析则比较严谨。在实际经济分析中,这几种经济模型一般并不是独立运用的,而是结合在一起运用的。这里特别需要强调的是,几何图形是学习初级经济学最基本而有效的工具,必须给予高度重视。建立经济模型是为了解释经济现象和进行预测。例如,通过模型,经济学家可以说明发生通货膨胀的原因,指出是由于工人工资上涨太快还是进口的原材料价格上涨所致。再比如,如果对某商品的需求增加,它的价格是否会上涨;人们的收入提高,对某种商品的需求会增加多少等。当然,一个经济模型的有效性还要接受来自实践的检验。经济学家要根据是否成功地解释和预测现实经济现象来对模型进行评价与改进。

(一)循环流向图

一般情况下,市场的主要参与者是家庭和企业,当然还包括政府等其他组织。但是,在这个简单的经济模型当中,经济学家们忽略了政府和国际贸易等更为复杂、更为现实的情况。我们假设经济只由家庭和企业这两类决策者所组成。企业用劳动力、土地和资本来生产商品和劳务,这些投入品被称为生产要素。家庭则拥有生产要素,并消费企业所生产的所有商品和劳务。家庭和企业在两类市场上相互交易。在商品与劳务市场上,企业是卖者,负责生产和销售商品与劳务,而家庭是买者,购买企业生产的商品与劳务。在生产市场上,家庭是卖者,提供劳动力和资本,而企业是买者,购买家庭所提供的劳动力和资本用于生产商品与劳务的投入品。

循环流向图(图1-1)的内圈代表家庭与企业之间商品与劳务的流向。家庭在生产要素市场上把劳动力、土地和资本出售给企业使用,然后企业用这些要素生产商品与劳务,随后这些新生产出来的商品与劳务又出售给家庭。因此,生产要素从家庭流向企业,而商品与劳务由企业流向家庭。循环流向图的外圈代表相应的货币流向。家庭支出货币以购买企业的商品与劳务。企业用销售的部分收益对生产要素进行支付,扣除企业工人的工资、办公场所的租金等,剩下的部分是企业所有者的利润。企业所有者本人也是家庭成员。因此,对商品与劳务的支出从家庭流向企业,而收入以工资、租金和利润的形式从企业流向家庭。

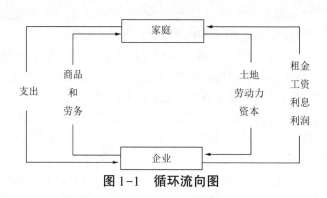

图 1-1　循环流向图

二、生产可能性曲线

生产可能性曲线是分析资源配置问题的最简单经济模型。它表示在生产技术和可投入品数量既定的条件下,一个经济体所能得到的各种物品和劳务最大产出的组合轨迹。生产可能性曲线模型有以下几个假定条件:一是时间假定。产出组合描述的是在一定时期内的产出组合。影响劳动时间的因素包括劳动人口的数量、年龄结构、潜在劳动力的数量、有工作能力的人中选择去工作的百分比、风俗习惯等。二是假定这一时期内资源的数量是既定的。这一假定主要受生产率的影响,而影响生产率的因素包括自然资源的数量和质量、资本的数量和质量、劳动力的健康状况、受教育的程度、工作动机和技能水平、科研开发能力等。三是假设现有的资源都得到了最充分的利用。换句话说,在目前资源的数量和质量下,这个社会无法再提高产出水平。那么位于生产可能性边界内部的组合点是经济体能够达到的,但是生产效率不充分,位于生产可能性边界之外的组合点则是经济体不能达到的,只有在生产可能性边界上的组合点才是能达到的产量中最有效率的组合点。

我们可以通过图形来研究生产可能性曲线。图 1-2 显示的是一个虚拟的国家,我们假设该国最擅长生产两种商品,分别是军用品(枪支)和民用品(黄油)。每年这两种商品的最大生产量组合生产形成了一条生产可能性边界(PPF),同时也包括图上标注的 A、B、C、D 这样四个字母所代表的四个点。

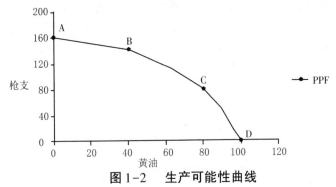

图 1-2　生产可能性曲线

我们现在假设几种情况,如果这个国家把所有的资源都用在军用品的生产上,那么这个国家最多可以生产出 160 个单位的枪支,黄油的生产量为 0(这里需要说明的是,不同商品的计量单位自然是不一样的,比如冲锋枪的单位应该是按照"把"来计算,坦克车的单位是"辆"来计算,或者是质量单位克或千克。我们为了更加简化地学习经济学的内容,这里都统称为某一单位,方便我们进行比较)。既然所有的资源都被投入到武器生产当中了,那么消费品的生产量即为 0,标记为点 A。

我们再来假设另外一种完全相反的情况,如果这个国家把其所有的资源都用在了生产消费品上面,那么它最多可以生产出 100 个单位的黄油,枪支的生产量即为 0。在图上面为点 D。

刚才介绍的两种情况,都是比较极端的,一个国家没有武器不行,当然没有了普通民众需要的消费品同样也不行。所以,我们需要均衡一下,接着我们再看两种情况。

若是在点 B 的话,那么,该国可以生产 140 个单位的枪支和 40 个单位的黄油。

若是在点 C 的话,那么,该国可以生产 80 个单位的枪支和 80 个单位的黄油。

上面介绍的四种情况,是假设这个国家的资源全部已被使用的前提下才会出现的,也就是上面提到的"资源得到了充分利用",从 A 到 D 这四个点仅仅是无数种组合中的几个例子罢了,也正是由于在两种商品的无数组合,才构成了一条线,生产可能性边界就这样产生了。

可是如果这个国家没有把资源用到了极致,会出现什么情况呢?比如说,有些工人可能没有找到工作,工厂或是机器由于种种原因闲置或损坏了。那么,资源没有得到充分利用,这个国家的经济将会下降,因为它没有能够达到生产可能性边界线上的任意一个点上。在图形中,可能是生产可能性边界线内的某一个点。在经济学里面,这种情况被称为缺乏效率。在该点上,生产能力不足,因为这个国家完全有能力生产更多的商品来满足该国更多的需求。我们也可以把经济设想成一台机器,任何一个螺丝钉都会发挥其作用,这个国家中的工人就扮演着机器里面螺丝钉或者轴承的角色。若某个螺丝钉坏了或者不工作了,必然或多或少地影响整台机器的运转,其效率也会大打折扣。

第二章　微观经济学的理论体系

在以市场经济为研究对象的微观经济学理论中,它开宗明义地指出:如何实现资源的有效配置是经济学关心的核心问题。经济发展的实践也证明,市场经济最大的特点就在于价格信号对资源配置的导向作用。正是基于这样的理解,本章将重点介绍微观经济学的研究对象、研究方法以及其相对独立的理论框架。

第一节　微观经济学的研究对象

在通常的理解上,标准的西方经济学在结构上包括微观理论体系和宏观理论体系两个基本组成部分。微观理论体系又被称为价格理论,竞争机制、供求机制和价格机制是它的三个核心环节,研究的问题是同质个体的理性经济决策行为,即生产什么、如何生产和为谁生产的问题。立足点则是经济主体的福利问题,即如何实现个体效益的最大化。从理论的起源上看,学术界普遍认为:微观经济学起始于以门格尔(Carl Menger)、维塞尔(Friedrich Freiherr von Wieser)和庞巴维克(Eugen Bohm-Bawerk)为代表的边际效用学派,经过以"合理精神"和"经济骑士道"著称于世的瓦尔拉斯、马歇尔等人的努力,最终发展成熟。

尽管现代微观经济学在数学工具的助推下发展的极为迅猛,但其研究的对象却始终没有变化。这也就是说,人类无限欲望与稀缺资源之间的矛盾,成为微观经济学的研究起点,而如何实现这一矛盾的有效缓解,则构成微观经济学的基本研究对象。如果将这样的表述给予广义拓展,那么,微观经济学的研究对象实质是单个经济单位,如家庭、企业等的最优化行为。从这一研究对象出发,我们开始进入微观经济学的世界。在那里,稀缺的资源有其特定的含义,阳光、空气等虽然也是生产生活离不开的重要资源,但因其数量如此之大以致使用时不需支付任何费用,被经济学家称为自由资源。而另一些资源在使用上不是免费的,在用途上则是生产和提供各种物品或服务时所必须投入的生产要素,这就成为经济学家眼中的经济资源—包括资本、劳动、土地和企业家才能。具体来讲,劳动是由人类提供的所有努力的统称,包括体力和脑力。土地作为生产要素范畴,是未经人类劳动改造过的各种自然资源的统称,既包括一般的可耕地和建筑用地,也包括森林、矿藏、水面、天空等。本质上讲,土地是任何经济活动都必须依赖和利用的经济资源,比之于其他经济资源,其自然特征主要是它的位置不动性和持久性,以及丰度和位置优劣的差异性。资本也叫做资本品,它是由劳动和土地生产出来、再用于生产过程的生产要素,包括机器、厂房、设备、道路、原料和存货等。微观经济学认为,土地和劳动是"初级生产要素",它们的存在是由于物理上和生物上的因素,而不是经济上的因素。而且,在生产相同数量的产品时,资本和劳动具有替代性,但劳动、土地和资本三要素必须予以合理组织,才能充分发挥生产效率,因此,为了进行生产,还要有企业家将这三种生产要素组织起来,企业家才能和前三个要素的关系不是互相替代的关系,而是互相补充的关系。在这里,企业家才能特指企业家经营企业的组织能力、管理能力与创新能力。

　　进一步来看,微观经济学所罗列的四种生产要素是稀缺经济资源的理论抽象,在以后的理论发展中,人们还在不断细化对资源的理解,人力资本、文化资本、社会资本等概念都是资本要素细化下的产物。但我们必须强调的是,这些经济资源无论如何细分,它们都必须是在市场经济的框架下运作的,这也是微观经济学的基本假设,即市场出清、完全理性、充分信息,由此推论则是"看不见的手"能自由调节实现资源配置的最优化。显然,任何试图以非经济手段操控资源稀缺性的做法,都与微观经济学追求效率最大化的目标是相悖的。

第二节　微观经济学的研究方法

　　西方经济学产生于西方的文化土壤,是西方人文社会科学思想下的产物。从历程上看,它经历了一个从古希腊的理性自由、到宗教的意志自由、再到启蒙时期的自由与平等的发展过程。实际上,现在的西方经济学所崇尚的人文精神就是这三者的混合体。从特征上看,它是在科学主义的影响下发展起来的。尤其是受到18世纪以来西欧工业与自动化技术的发展和20世纪上半叶逻辑实证主义的影响,出现了科学同其他一切知识对立起来的倾向,进而导致了斯诺"两种文化"问题的产生。从结果上看,它试图以自然科学为标准,强调任何知识的主张在原则上都需要得到经验验证的"科学主义",进而建立起一门采用自然主义研究方法以发现经济规律,并利用这些规律服务社会、确立良好秩序的社会科学。然而,在科学主义冲击下的人文社会科学并没有因此完成了自身的革新。相反,还使得自身出现了扭曲的发展。在实证主义的方法论导向下,经济学基本上全盘接受了"科学主义"取向,在方法论上极力效仿自然科学,试图去追求发现能够解释一切经济现象的普适规律。这样的努力自然为经济学披上科学的外衣,但令人眩晕的数学模型和公式,虽然在视觉上极具冲击力,但思想层面的匮乏却无法规避因缺少人文素养所带来的经济学学科发展危机。

一、实证分析方法和规范分析方法

在微观经济学中,实证分析和规范分析是两种重要的方法,但这两者之间也有一定的区别。一是规范分析以一定的价值判断为理论前提,来分析经济事物的好坏,它具有强烈的主观性,而实证分析强调经济的客观性,只分析经济变量关系和内在逻辑规律,不涉及价值标准问题;二是实证分析与规范分析要解决的问题不同,实证分析要解决"是什么"的问题,而规范分析要解决"应当是什么"的问题;三是实证分析所得的结论可以通过事实来检验,一般不以人的意志为转移,而规范分析本身客观性较差,所得结论受到不同价值观的影响。

从经济学的发展进程来看,在古典经济学及其之前的时期里,大多数经济学家都会以价值判断为出发点,将经济现象置于社会的大背景后展开研究,古代希腊、罗马的经济思想家,中世纪的经济学家,古典学派的亚当·斯密(Adam Smith)、大卫·李嘉图(David Ricardo)等人,都有自己的价值判断。后来,特别是"边际革命"之后,经济学研究越来越多地使用数理的、数量的方法,把经济变量抽象化、变量间的关系数学化,经济研究进入了以实证研究为主的阶段。数学化、实证化一方面使人们对经济现象的认识越来越精细和深入,另一方面则以割裂许多经济变量之间及其和经济与其他社会因素间的联系为代价,很大程度上造成"对象失真"的问题。然而,在经历了滥用数学工具的阶段以及因此造成的"对象失真"问题之后,经济学又呈现出回归规范为主的趋势,经济学家开始注重企业、政府等经济组织之间的利益冲突和人们之间、社会阶层、集团之间的经济利益分析,研究上大有"政治化、伦理化、制度化"的趋势。显然,西方经济学的研究方法在时间序列上经历了"规范—实证—规范"的深化过程。

由于经济系统是置身于社会大系统中的子系统,所以对其原初状态和终结结果都要以社会大系统为背景,在探讨中,对某一经济问题的规范分析常与非经济领域密切相关,实证分析则是置于两次规范分析之间并将再次返回到规范分析的一个中间阶段。从微观经济学自身来讲,其主要采用的是实证分析方法,但由于福利经济学日益受到人们的重视,故规范分析的重要性也日益体现出来。特别是,制度经济理论和分配理论往往也包含特别强烈的规范判断色彩。通常来讲,西方学者常常把实证经济学比喻为"天文学",而把规范经济学比喻为"占星学"。因为前者只研究天体运行的规律而不进行评价,而后者则要根据星相进行吉凶判断。

必须强调的是,规范分析和实证分析并非是完全对立和完全割裂的两个方法体系,即便不说研究者本人在展开实证研究时很难去除先入为主的价值判断,仅仅从两种方法的科学关系上看,两者也是相辅相成、互为补充的。

二、均衡分析方法

《萨缪尔森词典》中对均衡的定义为:在经济学中,其含义是指经济中各种对立的变化的经济力量处在一种均衡静止、不再变化的状态,其价格和数量使购买者和供应商达到愿望一致。均衡分析方法是在对研究的问题所涉及的诸经济变量(因素)中,假定自变量是已知的或不变的,然后,分析当因变量达到均衡状态时会出现的情况及需具备的条件,即所谓均衡条件。从数学意义上看,均衡分析方法的本质是建立一个由参数和变量构成的联立方程组表示的一般化的均衡体系。其中,参数表示经济环境、外生变量及偏好,而变量表示由体系本身决定的所谓内生变量;均衡条件则由联立方程表示。最重要的均衡分析主要包括消费者均衡和生产者均衡等。

均衡分析包括一般均衡分析和局部均衡分析。一般均衡分析是指在充分考虑所有经济变量之间关系的情况下,考察整个经济系统的价格和产量结构完全达到均衡状态时的状况,以及达到均衡的条件,所以它称为总均衡分析。它虽然是一种比较全面的分析方法,但由一般分析涉及的经济变量太多,而这些经济变量又是错综复杂和瞬息万变的,因而使用起来十分复杂和困难。近年来,在计算机技术的推动下,人们逐步发展出了可计算的一般均衡(Computable General Equilibrium, CGE)模型,并将其作为政策分析的有力工具。一个典型的 CGE 模型就是用一组方程来描述供给、需求以及市场关系。在这组方程中商品和生产要素的数量是变量,所有的价格(包括商品价格)、工资也都是变量,在一系列优化条件下(生产者利润优化、消费者效益优化、进口收益利润和出口成本优化等)的约束下,求解这一方程组,得出在各个市场都达到均衡的一组数量和价格。

局部均衡分析假定在其他条件不变的情况下,考察单一的商品市场达到均衡的状况和条件。也就是说,如果假定某一市场对其他市场不产生影响,其他市场对这一市场也不发生影响,孤立地考察某一市场的某种商品(或生产要素)的价格或供求量达于均衡的情况,就是局部均衡分析,或称局部均衡论。马歇尔是局部均衡论的代表人物,他在其价值论和分配论中广泛运用了局部均衡分析方法。例如,他的均衡价格论,就是假定其他条件不变,即假定某一商品的价格只取决于该商品本身的供求状况,而不受其他商品价格、供求状况等因素的影响,这一商品的价格如何由供给和需求两种相反力量的作用而达到均衡。

三、静态分析、比较静态分析和动态分析方法

静态分析与均衡分析密切联系,就是分析经济现象的均衡状态以及有关的经济变量达到均衡状态所需要具备的条件,它完全抽调了时间因素和具体变动的过程,是一种静止的孤立的考察某些经济现象的方法。如考察市场价格时,它研究的是价格随供求关系上下波动的趋向或者是供求决定的均衡价格。也就是说,这种分析只考察任一时点上的均衡状态。

比较静态分析就是分析在已知条件发生变化以后经济现象的均衡状态的相应变化,以及有关的经济变量在达到均衡状态时的相应变化,即对经济现象有关变量一次变动(而不是连续变动)的前后进行比较。例如,假定由于自然灾害的发生,以致对某农业商品的供给有所降低,那么,在需求状态保持不变的前提下,当该商品的供求重新达到新的均衡时,其价格将比以前有所提高,而产量将比以前有所降低。可见,比较静态分析的实质是两个不同时点上同一经济问题中经济变量的比较。

动态分析是以时间为自变量,研究各种经济变量随时间的变化而变化的规律,其中包括这些经济变量在变动过程中的相互影响和彼此制约的关系,以及它们在每一个时点上变动的速率等等。动态分析法的一个重要特点是考虑时间因素的影响,并把经济现象的变化当做一个连续的过程来看待,其本质是一种过程演化分析,不同的变量状态之间被视为一种生长、生成、进化的关系,有一定的时间顺序和前因后果关系。微观经济学的动态分析是在假定生产技术、要素禀赋、消费者偏好等因素随时间发生变化的情况下,考察经济活动的发展变化过程。应用动态分析方法的经济学称为动态经济学。其中著名的动态分析有著名的蛛网理论和宏观经济增长与周期方面的理论。而蛛网理论其实只能算是基于时期数的"亚动态分析",而非基于物理时间变量的真正的动态分析。

四、博弈论方法的引入

作为一个崭新的研究方法,博弈论的应用范围已延伸至政治、军事外交、国际关系和犯罪学等学科,但其在经济学中的应用最为成功。进入 20 世纪 80 年代以来,博弈论逐渐成为主流经济学的一部分,甚或可以说已成为微观经济学的基础,

还有人试图以博弈论语言重建整个微观经济学。博弈论研究的内容主要是决策主体的行为发生直接相互作用时的决策以及该决策的均衡问题。借助于博弈论这一强有力的分析工具,"机制设计""委托—代理""契约理论"等已被推向当代经济学的前沿。

第三节 微观经济学的体系框架

整个社会就像一张网,每个参与者就是一个节点。在市场经济的背景下,微观经济的参与者(节点)可以用简化的模型进行表示。在此,我们分别分析家庭、企业的经济行为及其形成的市场中个体经济活动的模型。

一、家庭经济行为模型

我们假定家庭所追求的唯一目标是最大满足,在经济学研究的范畴中,满足的大小取决于产品消费量。产品消费量则取决于产品价格、家庭收入、个人偏好等。其中产品价格是在产品市场由供求关系决定的;个人偏好是由消费者个人的生理、心理、习惯及所处的社会环境所决定的;家庭收入是指一个家庭拥有一种以上的生产要素(劳动力、资本、自然资源企业家才能),它通过向社会提供生产要素取得一定的收入,并以一定的收入购买产品(包括要素)。因此,家庭经济行为就是在上述条件的限制下,为追求满足最大化的目标而采取的行动(图2-1)。

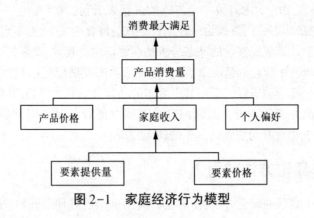

图2-1 家庭经济行为模型

二、企业经济行为模型

一个企业雇佣生产要素制造产品,通过销售产品取得利润,我们假定企业追求的唯一目标是利润最大化,利润是总收入与总成本的差额,而总收入取决于产品销售量和产品价格;总成本取决于生产要素雇佣量和要素价格。其中产品销售量和产品价格是由产品市场的供求决定的;生产要素雇佣量和要素价格是由要素产品市场的供求决定的。因此,企业经济行为就是在各种条件限制下,为追求利润最大化而采取的行动(图2-2)。

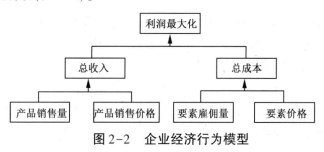

图2-2 企业经济行为模型

三、微观经济活动循环模型

如果忽略政府、外贸以及家庭之间、企业之间的经济活动,只把经济分成家庭、企业两个基本部门和产品要素两个基本市场就可以得到图2-3所示的微观经济活动循环模型。

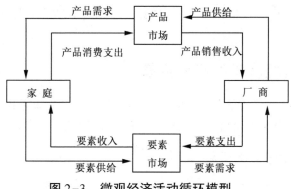

图2-3 微观经济活动循环模型

1. 家庭部门和企业部门

家庭部门:家庭(包括企业的家庭)既是消费者,又是要素所有者。作为消费者,他追求满足最大化;作为要素所有者,他追求收入最大化。

企业部门:企业既是生产者,又是要素雇佣者,它追求的是利润最大化。

2. 产品市场和要素市场

产品市场:作为消费者的家庭,站在产品市场的需求方面;作为生产者的企业,站在产品市场的供给方面。家庭对产品的需求和企业对产品的供给,共同决定产品市场的数量和价格。

要素市场:作为生产者的企业,站在要素市场的需求方面;作为要素所有者的家庭,站在要素市场的供给方面。企业对要素的需求和家庭对要素的供给,共同决定要素市场的数量和价格。

3. 实物流程和货币流程

实物流程:首先,家庭以要素所有者的身份,向要素市场提供各种生产要素。其次,企业从要素市场购买这些要素,生产出产品向市场销售。最后,家庭又以消费者的身份,向产品市场购买产品。这是一个循环不已的实物流程。

货币流程:随着实物流程,有一个方向相反的货币流程。首先,家庭向要素市场供给要素以后,以要素收入作为消费支出,向产品市场购买产品。其次,企业向产品市场销售产品,将家庭的消费支出变成自己的销售收入。最后,企业又将销售收入作为成本支出,向要素市场购买要素。这是一个循环不已的货币流程。

第四节 微观经济学的研究背景和主要理论

一、微观经济学的研究背景

在讨论买者与卖者的行为之前,我们首先要更充分地思考我们所说的"市场"是指什么,以及我们在经济中所观察到的不同市场类型。

(一)市场和市场机制

市场是某种物品或要素的一群买者与卖者,按照市场交易规则或习惯进行交易的场所。他可以是实实在在的场所,也可以是利用网络信息技术进行交易的电子商务的网络平台。

市场机制是买者和卖者相互作用并共同决定商品或要素的价格和交易数量的机制。在市场体系中,每样东西都有价格(即物品的货币价值)。价格代表了消费者与企业愿意交换各自商品的条件。供求规律、价格机制、竞争机制等市场经济规律构成了基本的市场机制。

(二)产品市场和要素市场

在上一节图 2-3 微观经济活动循环模型中,循环的上半部分表示产品市场;循环的下半部分表示要素市场。

产品市场,作为消费者的家庭,站在产品市场的需求方面;作为生产者的企业,站在产品市场的供给方面。家庭对产品的需求和企业对产品的供给,共同决定产品市场的数量和价格,其交易的对象为企业生产的衣、食、住、行、娱乐等最终消费品。

要素市场,作为生产者的企业,站在要素市场的需求方面;作为要素所有者的家庭,站在要素市场的供给方面。企业对要素的需求和家庭对要素的供给,共同决定要素市场中要素交易的数量和价格。其交易的对象为劳动、土地、资金等生产最终消费品所需要的要素。

(三)市场与竞争

市场采取了多种形式。有时市场组织健全,如众多的农产品市场。在这些市场上,买者与卖者在特定的地点与时间相聚,市场上还有拍卖者帮助确定价格并安排销售。更经常的情况是市场并没有什么组织。例如竞争市场就有许多买者与卖者,以至于每一参与者对市场价格的影响都微乎其微的,但是市场在供求、价格竞争等方面却有着公认的基本规律。

在市场研究中,我们假设市场是完全竞争的。可以根据两个基本特征来定义完全竞争市场:一个是所提供的物品要素是完全相同的;另一个是买者和卖者如此之多,以至于没有一个买者或卖者可以影响市场价格。由于完全竞争市场上的买者与卖者必须接受市场决定的价格,所以,他们被称为价格接受者。有一些市场完全适用于完全竞争的假设。例如,在小麦市场上,有千百万出售小麦的农民和千百万使用小麦和小麦产品的消费者。由于没有一个买者或卖者能影响小麦价格,所以每个人都把价格作为既定的。再如,没有特殊技术要求的劳动力市场。

但是,并不是所有物品与要素都在完全竞争市场上出售。一些市场只有一个卖者,而且这个卖者决定价格,这个卖者被称为垄断者。例如,你们本地的有线电视公司可能就是一个垄断者,因为你们镇上的居民也许只能从这一家有线电视公司购买有线电视服务。一些市场介于完全竞争和垄断的极端之间,此类市场之一被称为寡头,有几个并不总是主动地进行竞争的卖者。例如,一些航线就是寡头市场。如果两个城市之间的航线只由两家或三家公司提供服务,那么,这些运输者就倾向于努力避免激烈竞争,以维持高价格。另一种介于完全竞争和垄断的极端之间的市场是垄断竞争,它有许多卖者,每个卖者提供略有差别的产品。由于产品并不完全相同,所以,每个卖者都有某种决定自己产品价格的能力。如杂志市场,杂志相互竞争,争夺读者,而且任何一个人都可以通过发行新杂志开始进入这个市场,但每种杂志提供不同的文章,并可以确定自己的价格。

尽管我们在世界上看到的市场类型是多种多样的,但我们从研究完全竞争开始。由于大多数市场上都有某种程度的竞争,所以,我们从研究完全竞争下供给与需求中所得到的许多结论也适用于更复杂的市场。

二、微观经济学的主要理论

1. 价格理论

价格理论主要研究商品的价格如何决定,以及价格如何调节经济的运行,这一部分是微观经济学的中心,其他内容都围绕这一中心展开。

2. 消费者行为理论

消费者行为理论研究消费者如何把有限的收入分配到各种物品的消费上从而实现效用最大化,这部分是对决定价格的重要因素—需求的进一步解释。

3. 生产者行为理论

生产者行为理论研究生产者如何把有限的资源用于各种物品的生产从而实现利润最大化,这部分是对决定价格的另一个重要因素——供给的进一步解释。这部分理论由生产理论和成本理论构成。

4. 市场理论

市场理论研究企业在不同类型市场上的行为及市场均衡。或者也可以说,这部分研究的是不同市场上的价格是如何被决定的。

5. 分配理论

它也称生产要素的价格理论。这个理论研究产品按照什么原则分配给社会各利益集团,即工资、利息、地租与利润如何决定,这部分主要说明为谁生产的问题。

6. 一般均衡理论

市场理论和分配理论都属于局部均衡分析的范畴。一般均衡理论研究的是所有相互联系的市场同时达到均衡的问题。

7. 市场失灵问题

由于公共物品、外部性、垄断与信息不对称,价格调节并不总是能实现资源的优配置,这就称为市场失灵。解决市场失灵就需要政府的微观经济政策。

第三章　均衡价格理论

市场经济是通过价格机制来配置资源的,而价格又是需求和供给共同决定的。因此,需求和供给是经济学的两大基石,均衡价格理论则是经济学的基础理论和中心理论。本章通过对需求、供给、均衡价格及政府对市场干预的分析对市场机制进行总体的考察,简要阐明市场机制是如何运行的。

第一节　供给与需求

一、需求理论

(一)需求的概念

需求是指在一定期间内,对应于某种商品各种可能的价格,消费者愿意并且能够购买的该商品的数量。理解需求的概念,必须把握以下四点。

第一,需求是一定时期内的需求。在不同时期,影响需求的因素会发生变化,商品的需求也不同。

第二,需求是对既定商品的需求。需求是对某种特定的商品而言的,离开了特定的商品,需求就失去了实际意义。

第三,需求是有支付能力的需求。需求以消费者的货币支付能力为前提,是购买欲望与货币支付能力的统一。如果消费者对一种商品仅有购买欲望,却没有货币支付能力,则不能称作需求。反之,消费者有货币支付能力而没有购买商品的欲望,也不能形成需求。

第四,需求可以分为个人需求与市场需求。个人需求是指单个消费者对于某种商品的各种可能的价格,其愿意并且能够购买的该商品的数额。从某个商品市场来看,所有个人需求的总和构成市场需求。一般地,市场需求曲线是所有个人需求曲线的水平加总。

(二)影响需求量的因素

现实生活中,很多因素会影响到消费者对一种商品的需求量。其中最重要的因素包括商品的价格、消费者的收入、偏好、相关商品的价格以及消费者对未来价格的预期等。

1. 商品自身的价格

一般来说,在其他条件不同的情况下,商品的价格越高,消费者对其需求量就越少。反之,商品的价格越低,消费者对其需求量就越多。商品的需求量与其自身的价格呈反方向变化。

2. 消费者的收入

需求是指有货币支付能力的需求。因此,消费者的收入必然会影响到他对某种特定商品的需求。当消费者收入水平提高时,他对不同商品的需求会出现不同的变动。一些商品需求会增加得多些,还有一些商品的需求会增加得少些,有些商品的需求甚至会减少。

3. 消费者的偏好

消费者对特定商品的喜好或偏好,指的是消费者对特定商品的偏好程度。需求量是消费者对某种商品愿意购买的数量,它必然受到消费者偏好的制约。同样的情况下,消费者对某种商品偏好程度越差,则对它的需求就相对越弱。

4. 相关商品的价格

对某一种特定商品来说,即使它自身的价格不高,其他商品的价格发生变化,对这种商品的需求也会相应变化。并不是其他所有商品价格变化,都会引起对特定商品需求的变化。只有相关商品的价格发生变化,这种特定商品的需求才会相应发生变化。所谓相关商品有两种情况:一种是替代品,另一种是互补品。

5. 消费者对价格的预期

经济学家认为,预期会影响人们的经济行为。当消费者预期某种商品的价格即将上涨,目前对这种商品的需求就会增加,反之,当消费者预期某种商品的价格即将下降,则目前对这种商品的需求就会减少。

除上述因素之外,商品的需求量还会受到其他因素的影响,如季节变化的原因等。另外,对某种商品的市场需求总量还要受到人口增减、国民收入分配状况等因素的影响。

(三)需求函数

其中 Q_d 表示需求量,P、T、I、P_a、P_b、P_s、P_t 分别表示商品自身的价格、消费者

收入、消费者偏好、相关商品价格 a、b 的价格以及消费者对商品价格的预期，f 则规定了 Q_d 与 P、T、I、P_a、P_b、P_s、P_t 之间的函数关系。

在所有影响商品需求量的因素中，短期中最主要的因素应当是商品自身的价格。因此，微观经济学在研究需求函数时，通常假定其他条件不变，只讨论商品的需求量与其价格之间的关系，把商品的需求量与其价格之间的函数关系。把商品的需求理仅看成是其价格的函数，这样，商品需求函数就简化为：

$$Q_d = f(P)$$

$Q_d = f(P)$ 反映了商品的需求量与其价格之间的函数关系。研究某种商品的需求函数时，我们可以通过一定的方法将其具体化。为了便于分析，这里采用线性需求函数形式，其表达式通常为：$Q_d = a - bP$。

其中，a、b 为常数，且 a、$b > 0$，假如令 a、b 的值分别为 120 和 20，于是需求函数为 $Q_d = 120 - 20P$。

（四）需求表

需求函数 $Q_d = f(P)$ 表示商品的需求量与其价格之间存在的一一对应的关系，为了更加形象地说明这种函数关系，我们还可以借助商品的需求表和需求曲线加以表示。

商品的需求表是一种数字序列表，它清晰地表示出一种商品的需求量与各种可能的价格之间的一一对应的关系。仍以 $Q_d = 120 - 20P$ 为例，当价格 P 依次为 1、2、3、4、5 元时，需求量 Q_d 依次为 100、80、60、40、20 个单位。依据这些价格—数量组合，可以列出需求表（表3-1）。

表3-1　某一商品的需求

价格—数量组合	单位价格（元）	需求数量（单位）
A	1	100
B	2	80
C	3	60
D	4	40
E	5	20

(五)需求曲线

如果我们把某一商品的需求量与其价格之间的函数关系描述在平面直角坐标系中,就会得到反映两者之间关系的一条曲线,这就是需求曲线(图3-1)。通过需求曲线,可以更加直观地看出需求量随其价格变化的趋势。在图3-1中,横轴 OQ 表示商品的需求量,纵轴 OP 表示商品的价格。根据需求表中商品的不同价格—需求量的组合,在平面直角坐标系中绘制 A、B、C、D、E 等各点,再顺次连接起来,便得到一条向右下方倾斜的需求曲线,需求曲线斜率为负,表示商品的需求量与其价格反方面变动。可见,需求曲线是以几何图形来表示商品的价格与其需求量之间的函数关系的分析工具。

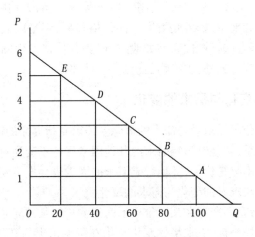

图 3-1　需求曲线

需要说明的是,在经济学上,总是习惯以纵轴表示商品的价格,以横轴表示商品的需求量。这与数学上纵轴表求因变量,模轴表示因变量的惯例恰好相反。按照数学上的惯例,需求曲线被解释为价格是需求性的函数,我们把这种反转的关系称为反需求函数。

另外,我们这里把需求函数设定为线性,需求曲线就是一条有既定斜率的直线。实际上,需求曲线也可以是非线性曲线,不论是直线还是曲线,我们通常都用"需求曲线"的概念统一来表示。

（六）需求规律

从上面需求表和需求曲线中,我们都可以非常直观地看出商品价格变动与其需求量变动之间的关系,从表3-1可知,商品的需求量随商品价格的上升而减少,随价格的下降而增加。相应地,在图3-1中的需求曲线向右下方倾斜,也反映了商品的需求量与商品价格之间存在着反方向变化的关系,经济学中把这种关系称为需求规律,也叫需求法则或者需求定律。

需求规律并不是在任何情况下都适用的。对需求规律有两点需要说明,第一,只有在影响需求的其他因素保持不变时,需求规律才成立。影响需求的其他因素,如消费者的收入、偏好、价格预期等发生变化时,需求规律就不适用了。第二,需求规律也有例外。比如,某些商品如珠宝、高级轿车等奢侈品,人们购买它们的目的主要是为了显示身份和地位,如果此类商品的价格降低,不足以显示购买者身份,人们就会减少购买;还有些投机性商品如股票等,当其价格发生剧烈波动时,需求量会显示出不规则的变化另外,吉芬物品也是一个特例。

（七）需求量的变化与需求的变化

上面我们已经区分了需求量与需求的概念。需求是指商品的需求量与其价格之间的一一对应的关系,它是以影响需求的其他因素保持不变为前提的。但是,影响商品需求量的因素不只是价格,其他影响需求的因素也会发生变化。因此,我们必须进一步区分商品需求量的变化与需求的变化。

由此所述,需求量是消费者在某一价格下愿意购买的某种商品的数量,在需求曲线上是指某一点的横坐标,需求量的变化是指在影响需求的其他因素保持不变的情况下,由于商品自身价格变动所引起的对该商品的需求量的变动。从需求表来看,需求量的变化表现为需求表内价格—数量组合的变化。如表3-1中,价格从1元上升为2元,需求量从100个单位下降为80个单位。从需求曲线来看,需求量的变化表现为沿着同一条需求曲线上点的移动。如图3-1中,当影响需求量的其他因素不变时,仅有商品的价格发生变化,由1元变为2元时,需求量由100减少为80,需求曲线上的A移动到B点。

需求则是消费者在各个可能的价格下愿意购买的这种商品的数量,反映商品的价格与需求量之间一一对应的函数关系,在坐标系中它是指整条需求曲线;需求量的变化是指在商品自身价格不变的条件下,由于其他因素变动而引起的对商品需求数理的变化,这里的其他因素是指消费者收入水平、消费者偏好、相关商品的价格以及消费者对商品的价格预期等因素,在坐标系中表现为需求曲线位置的左右移动。也就是说,除价格因素以外,任何一种影响需求的因素发生变动时,需求曲线就会发生整体移动。若消费者对某种商品的偏好增强,需求曲线就会向右移,当偏好减弱,需求又会向左平移。如图3-2所示,图中原有的需求曲线为d_1,当价格仍为3时,需求量为60。如果消费者偏好增强,则需求曲线向右移动至d_2,当商品的价格仍为3时,商品的需求量增加为80。这是由于随着偏好增强,需求增加的结果。它意味着在任何一个相同的价格下,消费者现在愿意购买的数量都比以前增加了。如果消费者偏好减弱,需求曲线由d_1移动到d_3,这时,如果价格不变,仍为3,商品的需求量便会减少为40。这是由于随着偏好减弱,需求减少,它意味着在任何一个相同的价格下,消费者现在愿意购买的数量都比以前减少了。所以,由需求变化所引起的这种需求曲线位置的移动,使得在每个既定的价格水平上,需求数量都增加或都减少了。

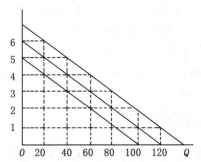

图3-2　需求量的变化与需求曲线的移动

可见,需求量的变化是由价格变化引起的,而需求的变化是由价格以外的其他因素引起的。表3-2列出了需求量的决定因素,以及这些因素的变动是如何影响需求曲线的。

表3-2　各因素对需求曲线的影响

影响需求的因素	这些因素的变动表现
商品自身价格	沿着需求曲线点移动
消费者收入水平	需求曲线移动
相关商品价格	需求曲线移动
消费者偏好	需求曲线移动
消费者的价格预期	需求曲线移动

二、供给理论

（一）供给概念

供给是指在一定时期内,在各种可能的价格水平上生产者愿意并且能够提供出售的某种商品数量。理解供给的概念必须把握以下四点。

第一,供给是特定时期的供给,考察的时期不同,供给可能会发生很大的变化,因此供给的概念总是限定了时间界限。

第二,供给是对特定商品的供给。它总是与特定的商品相联系,离开了特定的商品,供给则没有意义。

第三,供给是有供给能力的供给。供给不仅要求卖者或生产者有供给的欲望,更重要的是还必须具有供给能力,供给是供给欲望与供给能力的统一。

第四,供给是与价格相对应的供给。供给是指价格与供给量之间的对应关系。在既定的条件下,每一个可能的价格水平会有一个供给量与之对应。

供给可分个人供给与市场供给。个人供给是指对于某种商品的各种可能的价格,卖者或生产者个人愿意并且能够提供出售的数量。从整个市场来看,所有个人供给的总和构成市场供给。

（二）影响供给量的因素

对供给者来说,有很多因素会影响到他对既定商品的供给量,其中最主要的有以下几点。

1. 生产技术水平和管理水平

生产技术水平和管理水平高,意味着生产效率高,单位商品的生产成本低,在其他条件不变时,会给企业带来更多的利润。在同样的价格水平上,企业愿意生产和出售更多的商品。因此,企业会增加供给,反之,企业会减少供给。

2. 商品自身价格

在其他条件不变的情况下,一种商品的价格越高,意味着生产这种商品会给企业带来更多的利润,因而会使企业增加供给量。相反。价格越低,供给量越少。

3. 生产要素价格

生产要素的价格变化直接影响生产成本,从而影响利润。因此,在商品价格不变的条件下,当生产要素价格下降时,企业愿意多投资生产,增加这种商品的供给;

而当生产要素的价格上升时,企业会因为生产成本提高而减少供给。

4. 其他商品价格

一个理性的企业都是选择最有利可图的商品进行生产。在一种商品价格不变时,其他商品价格变化.该商品的供给就会发生变化。

例如,对某个种植蔬菜和粮食的农户来说,在粮食价格不变而蔬菜价格上升时,该农户就可能增加蔬菜的种植而减少粮食的种植。

5. 生产者对未来价格的预期

如果某种商品的价格看涨,企业就会减少现在的供给,囤积居奇,待价而沽,如果此种商品的价格看跌,企业就会把现有的商品全部卖出。

(三)供给函数

其中 Q_s 表示供给量; P、I、P_a、P_b、P_s、P_t 分别表示商品自身的价格、消费者收入、消费者偏好、相关商品 a、b 的价格以及消费者对商品价格的预期, f 则规定了 Q_s 与 P、I、P_a、P_b、P_s、P_t 之间的函数关系。

在所有影响商品供给量的因素中,短期中最主要的因素应当是商品自身的价格。因此,微观经济学在研究需求函数时,通常假定其他条件不变,只讨论把商品的供给量与其价格之间的函数关系。把商品的供给量仅看成是其价格的函数,这样,商品需求函数就简化为:

$$Q_s = f(P)$$

$Q_s = f(P)$ 反映了商品的供给量与其价格之间的函数关系。研究某种商品的供给函数时,我们可以通过一定的方法将其具体化。为了便于分析,这里采用线性供给函数形式,其表达式通常为: $Q_s = -c + dP$。

其中, c、d 为常数,且 c、$d > 0$,假如令 c、d 的值分别为 120 和 20,于是供给函数为:

$$Q_s = -40 + 20P$$

(四)供给表

供给函数 $Q_s = f(P)$ 表示商品的供给量与其价格之间存在的一一对应的关系,为了更加形象地说明这种函数关系,我们还可以借助商品的供给表和供给曲线加以表示。

商品的供给表是一种数字序列表,它清晰地表示出一种商品的供给量与各种可能的价格之间的一一对应的关系。仍以 $Q_s=-40+20P$ 为例,当价格 P 依次为 3、4、5、6、7 元时,供给量 Q_s 依次为 20、40、60、80、100 个单位。依据这些价格—数量组合,可以列出供给表(表 3-3)。

表 3-3 某一商品的供给

价格数量组合	单位价格(元)	需求数量(单位)
A	3	20
B	4	40
C	5	60
D	6	80
E	7	100

(五)供给曲线

如果我们把某一商品的供给量与其价格之间的函数关系描述在平面直角坐标系中,就会得到反映两者之间关系的一条曲线,这就是供给曲线,如图 2-3 所示。

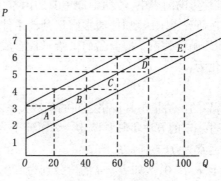

图 3-3 供给曲线

通过供给曲线,可以更加直观地看出供给量随其价格变化的趋势。在图 3-3 中,横轴 OQ 表示商品的供给量,纵轴 OP 表示商品的价格。根据需求表中商品的不同价格—供给量的组合,在平面直角坐标系中绘制 A、B、C、D、E 等各点,再顺次连接起来,便得到一条向右上方倾斜的供给曲线,供给曲线斜率为正,表示商品的供给量与其价格正方面变动。可见,供给曲线是以几何图形来表示商品的价格与其供给量之间的函数关系的分析工具。

(六)供给规律

从上面供给表和供给曲线中,我们都可以非常直观地看出商品价格变动与其供给量变动之间的关系,从表3-3可知,商品的供给量随商品价格的上升而上升,随价格的下降而下降。相应地,在图3-3中的供给曲线向右上方倾斜,也反映了商品的供给量与商品价格之间存在着正方向变化的关系,经济学中把这种关系称为供给规律,也叫供给法则或者供给定律。

供给规律并不是在任何情况下都适用的。对供给规律有两点需要说明。

第一,只有在影响供给的其他因素保持不变时,供给规律才成立。影响供给的其他因素,如消费者的收入、偏好、价格预期等发生变化时,供给规律就不适用了。

第二,供给规律也有例外。一个典型的例子是,在工资开始上涨时,劳动力的供给会增加,但当工资上升到一定水平时,劳动力的供给者对货币的需求不那么强烈,而对闲暇、娱乐、旅游更有兴趣。此时,再增加工资,劳动力的供给也不再增加,甚至有减少的趋势。

(七)供给量的变化与供给的变化

与需求理论一样,这里也要区分供给变化与供给量的变化。

上面我们说的供给是指商品的供给量与其价格之间的一一对应的关系,它是以影响供给的其他因素保持不变为前提的。但是,影响商品供给量的因素不只是价格,其他影响供给的因素也会发生变化,因此,我们必须进一步区分商品供给量的变化与供给的变化。

由此可见,供给量是消费者在某一价格下愿意购买的某种商品的数量,在供给曲线上的是指某一点的横坐标,供给量的变化是指在影响供给的其他因素保持不变的情况下,由于商品自身价格变动所引起的对该商品的供给量的变动。

从供给表来看,供给量的变化表现为供给表内价格—数量组合的变化。如3-3中,价格从3元上升为4元,供给从20个单位增加为40个单位。从供给曲线来看,供给量的变化表现为沿着同一条供给曲线上点的移动。如图3-3中,当影响需求量的其他因素不变时,仅有商品的价格发生变化,由3元变为4元时,供给量由40增加为60,供给曲线上的A移动到B点。价格依次上升,供给量随之增加,供给曲线上的点也依次上移。

供给则是消费者在各个可能的价格下愿意购买的这种商品的数量,反映商品的价格与供给量之间一一对应的函数关系,在坐标系中它是指整条供给曲线;供给量的变化是指在商品自身价格不变的条件下,由于其他因素变动而引起的对商品供给数量的变化,这里的其他因素是指生产技术水平和管理水平、商品自身价格、生产要素价格、其他商品的价格、生产者对未来价格的预期等因素,在坐标系中表现为供给曲线位置的左右移动。也就是说,除价格因素以外,任何一种影响需求的因素发生变动时,供给曲线就会发生整体移动。当生产要素的价格下降时,供给曲线就会向右平移,当生产要素的价格上涨时,供给又会向左平移。

可见,供给量的变化是由价格变化引起的,而供给的变化是由价格以外的其他因素引起的。表3-4列出了供给量的决定因素以及这些因素的变动对供给曲线的影响。

表3-4 供给的决定因素对供给曲线的影响

影响供给的因素	这些因素的变动表现
商品自身价格	沿着供给曲线点移动
生产要素价格	供给曲线移动
其他商品价格	供给曲线移动
生产技术水平	供给曲线移动
未来价格预期	供给曲线移动

第二节 供求均衡理论及其应用

一、供求均衡理论

(一)供求均衡理论的相关论述

1.中国古代的相关论述

中国古代也有关于供给与需求的经济思想,主要集中在价格决定的论述上。

在中国古代流行的是以商品的供求解释价格变化的供求论。这种观点首先在《管子·轻重》各篇中以"物多则贱,寡则贵""有余则轻,不足则重"这样的论述表现出来,千余年中,一直没人对这种观点表示过疑问。

司马迁的供给和需求理论主要反映在《货殖列传》中。他引述计然之语说"论其有余不足,则知贵贱,贵上极则反贱,贱下极则反贵。"这是指在某一市场上,只要比较某种物品的需求和供给数量,就可以知道它的价格是上升还是下降。若有余,表示供给大于需求,因此价格会下降,反之,如果不足,需求大于供给,则价格就上升。如果价格上升到超过均衡价格,就会导致供给量增加,需求量减少,迫使价格下降;如果价格下降到低于均衡价格很多,就会导致供给量减少,需求量增加,迫使价格上升。司马迁的供需法则,和现代资产阶级市场理论中华拉斯的超额需求理论相似。明代的丘浚开始用生产所耗费的人类劳动来说明"世间之物"即一切商品的价值,这就突破了中国经济思想史上流行千余年的供求论。

2. 西方与供求理论相关的论述

(1)大卫·李嘉图(David Ricardo)的论述

李嘉图是英国古典政治经济学的完成者,英国古典政治经济学在李嘉图那里达到顶峰。在供求方面,他认为人的欲望是没有止境的,需求是无限的,并进而相信供给可以创造需求。他说:"我把人类的欲望和爱好看作无限的。我们都希望增加我们的享受或能力。消费增加我们的享受,积累增加我们的能力,它们同样促进我们的需求。""如果商品已经生产出来,就必然有某些具有消费这些商品的愿望和力量的人,换个说法就是,对这些商品必然有需求。"资本的自由转移可以实现对生产的调节,资本会按照各行业所必需的数量得到合理的分配,社会中不会出现普遍生产过剩的危机。李嘉图承认局部生产过剩有可能出现,但否认普遍生产过剩,即承认局部供过于求,但全局是均衡的。

(2)西斯蒙第(Sismondi)的观点

西斯蒙第与李嘉图是同时代的人,他是法国古典政治经济学的完成者。西斯蒙第认为,人满足自己需要和欲望的技能、本领是财富的源泉,财富是为满足人们的需要和欲望的,因为消费劳动所创造的东西需要较长时间,所以,财富是积累起来不予消费的劳动果实。在离群独居的条件下,劳动直接满足消费,消费直接决定生产。在交换经济中,个人需要须经过消费满足,消费决定生产表现为需求决定供给。由此看来他认为在需求和供给之间,需求起着决定性作用。

在以上理论基础上,西斯蒙第提出了经济危机理论。根据收入决定生产的观点,年收入的总量必须用来交换年生产的总量;通过这项交换,每个人都可以得到自己的消费品,都要取得一笔再生产的资本,要为一项再生产而进行投资,并提出新的要求。因此西斯蒙第在其《政治经济学新原理》中认为,如果年收入不能购买全部年生产,那么一部分产品就要卖不出去,不得不堆在生产者的仓库里,积压生产者的资本,甚至使生产陷于停顿。这种情况表明生产超过了收入,也即生产超过了消费,生产消费这种矛盾的发生必然导致经济危机。在他看来,收入是决定消费的,收入不足引起消费不足,经济危机产生的根本原因就是消费不足,即有效需求不足。

(3)托马斯·罗伯特·马尔萨斯(Thomas Robert Malthus)的观点

马尔萨斯因其《人口原理》而成名,在此之后他也研究了一般的经济理论,并提出了有效需求不足危机论。

根据马尔萨斯的看法,供给与需求的关系是生产发展的条件。在这种关系中,如果发生有效需求不足,就会出现生产普遍过剩的经济危机。在他看来,供给与需求之间的平衡主要是产品顺利实现的问题,或者说是利润实现问题。利润是在交换中产生的,是商品售价和生产成本之间的差额。资本家都追求利润,但资本家之间的交换有获得利润必有付出利润;资本家与工人之间的交换,也仅使工人实现相当于工资那部分生产费用的生活资料消费。在马尔萨斯看来,资本家的利润只能由只买不卖的人支付,这部分人只能是地主、官吏、军队等组成的消费队伍。据此,马尔萨斯认为,资本主义为了顺利生产,必须维持足够的"有效需求",也就是必须使消费者有足够的购买力。如果资本积累过快,商品生产超过他们所必需的购买力的增加,就会导致"有效需求"相对缺乏,从而产生普遍生产过剩的经济危机。

不过马尔萨斯的经济危机理论也是对资本主义发展过程中重大问题的最初探讨,涉及社会经济中总供给与总需求平衡与不平衡的基本关系分析,并在有效需求不足分析中受到后来经济学家的重视。

(4)让·巴蒂斯特·萨伊(Jean-Baptiste Say)的观点

萨伊是法国资产阶级政治经济学代表人物。他的代表性著作为《政治经济学概论中》一书。这本书中,萨伊在其效用理论的论述中用价格代替价值的分析,把价格的决定归结为由供求关系决定。他认为,一种货物的价格,随着需求的增加与供给的减少而成比例的上升,反过来也是一样。实际上,市场供求只能说明价格与价值的背离程度,而并不能说明价格与价值本身。在其销售理论中,萨伊提出了有关供给与需求的基本命题。他认为既然生产物总是由生产物购买的,那么,每一个商品的卖者同时也就是其他商品的购买者。也因此,一种产物一经产出,从那时刻起就给价值与它相等的其他产品开辟了销路。由于商品的出告时供给,购买时需求,所以供给会给自己创造需求。在资本主义条件下,某一种产品可能会滞销,但自由竞争会自动调节,使各种产品的供求趋于平衡。就全社会来说,总供给一定等于总需求,普遍性的生产过剩的经济危机是不可能发生的。

(5)阿尔弗雷德·马歇尔的理论

最早明确阐述供求均衡理论的是19世纪末20世纪初美国最著名的经济学家

马歇尔。

马歇尔的均衡价格理论,是他的经济学说的核心和基础。他不再去研究价值本身,只是把研究的重点放在价格上,以价格为中心,研究在市场上,供给和需求两种相反作用如何达到均衡,从而决定商品的价格。按照他的均衡论观点,均衡是相反力量所形成的均势。在价格问题上,相反的力量就是在同一市场内买者和卖者两方。因此,某一商品的价格决定于买卖双方力量的相互冲击和相互制约,最终形成均衡而达成的。这就是说,使买卖双方力量达到均衡的价格就是均衡价格。

在马歇尔看来,需求价格和供给价格共同决定均衡价格,实际上就是效用和生产费用共同决定均衡价格。如果要明确效用和生产费用究竟是哪一方在决定均衡价格时起了主导作用,这问题是难以说清楚的。他说过,我们讨论价值是由效用所决定还是由生产成本所决定,和讨论一张纸是由剪刀的上边裁还是由剪刀的下边裁的道理是一样的。的确,当剪刀的一边拿着不动时,纸的裁剪是通过另一边的移动来实现的,我们大致可以说,纸是由第二边裁剪的。但是这种说法并不十分确切。他又指出,如果考虑到时间这个因素,则供求两个方面在价格决定上的不同作用还是可以区别的。

(二)均衡价格的概念

均衡价格在西方经济学中是一个非常重要的范畴,是西方经济学中占重要地位的价格理论。

如前所述,需求曲线表示在各个不同的价格下消费者愿意购买的数量,而供给曲线则表示在各个不同的价格下生产者愿意提供的数量。如果把两条曲线放在一起,如图3-4所示,我们会看到,只有在一个价格水平时,消费者愿意购买的量恰好等于生产者愿意提供的量,此时需求曲线 D 与供给曲线 S 相交于 E 点,我们把需求曲线与供给曲线相交的点叫做均衡点。这一点决定了均衡价格为 P_0,均衡数量为 Q_0。

因此,均衡价格也可定义为:一种商品的需求与供给达到均衡,即它的需求价格和供给价格相等时的市场价格。需求价格就是消费者对一定量的商品所愿意支付的价格,而供给价格则是企业提供一定量商品所能够接受的价格,均衡价格就是消费者愿支付价格正好等于企业能接受价格时的市场成交价格。

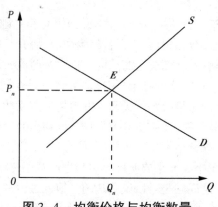

图 3-4　均衡价格与均衡数量

（三）均衡价格的形成

均衡价格是通过市场供求运动的自发调节而形成的。在市场机制的作用下，一旦市场价格背离了均衡价格，就会产生一种自动恢复均衡的力量和趋势。因此，均衡价格的形成，事实上是一个不断地从均衡到不均衡，又从不均衡到均衡的过程。可用表 3-5 来说明均衡价格的形成过程。

表 3-5　均衡价格的形成

P/美元	Q_d/（磅/月）	Q_s1（磅/月）	价格的变动
7	10	70	
6	20	60	↓
5	30	50	
4	40	40	
3	50	30	
2	60	20	↓
1	70	10	

当价格高于 4 美元时，始终供过于求，迫使价格下跌；当价格低于 4 美元时，供不应求，迫使价格上升。最后使供给价格与需求价格达到一致，形成均衡产量与均衡价格。如表 3-5 中所示，只有当价格为 4 美元时，需求量与供给量均为 40 磅，供求相等，价格不再变动，实现了均衡。实际市场价格围绕 4 美元上下波动，结果必将趋向于 4 美元的均衡价格。

（四）需求与供给变动对均衡的影响

至此，我们只是考察了供给与需求为已知条件下均衡价格与均衡产量的决定问题，也就是说，我们是在假定其他因素不变的情况下考察市场的均衡状况的。如果其他因素发生变化，需求与供给就会变动，需求曲线与供给曲线就会移动，也就会形成新的均衡价格与均衡数量。

1. 需求变动对均衡的影响

这是假定供给，即供给曲线不变时，需求的变化，即需求曲线的移动对均衡价格和均衡数量的影响。如图 3-5 所示，D_0 代表原来的需求曲线，它与供给曲线 S 相交于 E_0，均衡价格为 P_0，均衡数量为 Q_0。若由于消费者收入、替代商品或互补商品的价格、消费者的嗜好、收入的再分配等任意一个或几个因素的变动，使得需求增加，因而需求曲线向右移动到 D_1，从而形成新的均衡价格与均衡产量。这表明由于需求的增加，需求曲线向右移动，结果均衡价格上升，均衡数量增加。

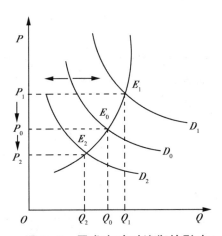

图 3-5　需求变动对均衡的影响

同理，如果上述因素的变动引起需求的减少，而使需求曲线左移到 D_2，其结果是均衡价格下降，均衡数量减少。

2. 供给变动对均衡的影响

这是讨论假定需求曲线不变动时，供给的变动，即供给曲线的移动对均衡价格和均衡数量的影响。如图 3-6 所示，如果供给增加，供给曲线向右移动，结果均衡价格下跌，均衡数量增加；而如果是供给减少，供给曲线向左移动，结果则是均衡价格上涨,均衡数量减少。

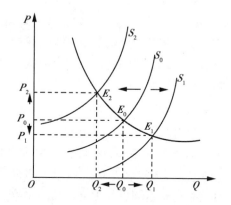

图3-6　供给变动对均衡的影响

3.供求同时变动对均衡的影响

当需求和供给同时变动时,可能发生多种不同的情况。

(1)需求和供给同方向变动

需求和供给同方向变动,即同时增加或同时减少,这时均衡数量随需求和供给同方向变动,但均衡价格的变动则取决于需求与供给增加或减少的程度,如图3-7所示。

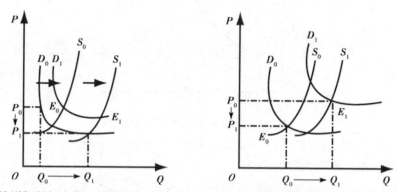

(a)供给增加的幅度大于需求增加的幅度　(b)供给增加的幅度小于需求增加的幅度

图3-7　需求和供给同方向变动

图3-7(a)表示,当供给增加的幅度大于需求增加的幅度时,$Q_1>Q_0$,而$P_1<P_0$,

即此时均衡数量增加,而均衡价格下降。

图 3-7(b)表示,当供给增加的幅度小于需求增加的幅度时,$Q_1 > Q_0$,而 $P_1 > P_0$,即此时均衡数量增加,均衡价格上升。

(2)需求和供给反方向变动

需求和供给反方向变动,即一方增加另一方减少,一方减少另一方增加,这时,均衡数量与均衡价格均取决于两者变动的方向及程度。

当供给增加,需求减少时,如果供给的增幅大于需求的减幅,则均衡价格下降,均衡数量增加;如果供给的增幅小于需求的减幅,则均衡价格下降,均衡数量减少。

当供给减少,需求增加时,如果供给的减幅大于需求的增幅,则均衡价格上涨,均衡数量减少;如果供给的减幅小于需求的增幅,则均衡价格上涨,均衡数量增加。

(五)供求定律

从以上关于需求与供给的变动对均衡的影响的分析可以发现:第一,需求的增加引起均衡价格的上升,需求的减少引起均衡价格的下降。第二,需求的增加引起均衡数量的增加,需求的减少引起均衡数量的减少。第三,供给的增加引起均衡价格的下降,供给的减少引起均衡价格的上升。第四,供给的增加引起均衡数量的增加,供给的减少引起均衡数量的减少。即需求变动引起均衡价格与均衡数量同方向变动,而供给变动引起均衡价格反方向变动,均衡数量同方向变动。这就是微观经济学中的供求定律。

二、供求均衡理论应用

均衡价格理论作为经济学的基石有着非常广泛的用途,它可以帮助我们解释价格变动的原因、预测价格变化的方向,同时也有利于我们分析政府干预市场可能出现的后果。下面这个例子就可以看出均衡价格理论在分析现实问题中的作用。

由于 20 世纪 70 年代石油价格猛涨,许多人在思考能否分化对石油的依赖。1990 年海湾战争期间,世界石油价格飞涨。一些大学非常得意地使用了新设备,不再使用石油,而是用天然气作为热源,并指望这一举措为学校节省大量经费。但是,令他们吃惊的是,他们并没有省什么钱。当他们收到公众服务公司账单时,他们发现,同石油价格一样,天然气价格也猛涨了。这些大学的行政人员对公众服务公司非常气愤并指控他们搞"价格欺诈"。其理由是石油价格上涨不应对天然气有影响。

这些大学长官对吗?还是那些公司利用国际性的石油危机进行价格欺诈从而

牟取暴利？供需分析(图3-8)将使我们能够回答以下两个问题：①为什么海湾战争导致石油价飞涨？②为什么天然气价格也会涨？

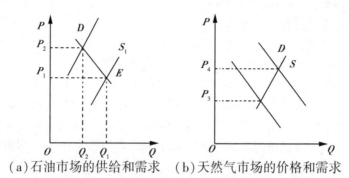

（a）石油市场的供给和需求　　（b）天然气市场的价格和需求

图3-8　石油和天然气的供给和需求

图3-8(a)分析了世界石油市场的供给和需求。在海湾战争之前，石油市场的均衡点为 E 点，均衡产量和价格为 P_1 和 Q_1。海湾战争之后，世界范围内对伊拉克和科威特的石油禁运，这必将导致供给曲线从 S_1 变化到 S_2，使石油价格上涨到 P_2，对此没有人会感到吃惊，也包括那些大学的行政人员。

图3-8(b)分析了天然气市场。天然气是石油的替代品。我们已经知道，某种物品的替代品价格上升将导致对该种物品需求的增加。因此，对天然气的需求将从 D_1 上升到 D_2，天然气价格则从 P_3 上升到了 P_4。

大学人员有一点是对的，海湾战争并没影响天然气的供给，但他们的确遗漏了一点——这次战争影响了人们对天然气的需求！如果他们能够更全面地掌握供需理论，在他们做出购置昂贵的转型设备之前，他们就应该能够预测到，转向使用天然气所节省的能源费用并非想象中那么大，他们也就不至于动怒，而是应该更好地使用稀缺的资金。

第三节　政府对市场的干预

到目前为止，我们已经意识到，通过供求机制，竞争性市场可以实现均衡价格及数量。然而，我们的某些社会成员对这种均衡并非总是满意，特别对一些产品的均衡价格不满意。例如，公寓房客通常抱怨他们支付的房租太高，一些农民则抱怨他们生产的粮食价格太低，一些工会团体则声称工资太低等。

面对这些不满，政府有时会采取限制价格和支持价格的政策，以便提高或降低市场价格,满足不同群体的需要。下面我们利用供需模型来分析政府干预市场怎样影响市场的价格形成,以及这种干预可能出现的后果。

一、限制价格

限制价格是政府规定某种商品的市场价格上限,也称为最高限价。政府为什么要实施最高限价政策呢? 大家可能还记得,在以前较为严重的通货膨胀期间,中国不少地方政府对一些肉类和蔬菜产品制定了最高限价。实行限制价格的目的有两个:压抑物价上涨的态势和平息消费者对物价上涨的抱怨。

政府制定的最高限价通常要低于均衡价格。限制价格是政府为了控制物价进一步上涨,对部分商品制定的最高允许的销售价格。例如,假设在猪肉短缺时,猪肉的市场均衡价格为 20 元/千克,部分消费者对此不满,政府将其最高限价定在 16 元/千克。它对该猪肉的市场运作会产生什么些影响呢? 通过图 3-9 进行分析。

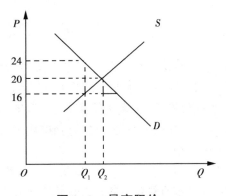

图 3-9　最高限价

由于政府的最高限价要低于市场的均衡价格,可能产生以下后果。

第一,导致过度需求。市场上的需求量要大于供给量,有些需求就得不到满足,如图 3-9 所示,在政府的限制价格 16 元/千克时,市场的供给量只有 Q_1,而此时的需求量为 Q_2,这就产生了 Q_1Q_2 的市场短缺,由于需求大于供给,消费者为了买到肉,排长队的现象就要产生。如果考虑到排长队所耽误的时间,消费者所支付的价格除了肉价之外还有等候时间。

第二,出现销售者偏好。排队等候时间太长,有些消费者会不耐烦,如果他们认识卖肉的,他们可以走后门,而卖肉者会根据自己的偏好,准定把这低价肉卖给谁,不卖给谁。这就是销售者偏好,销售者对消费者的服务态度可能变坏,或者通过短斤缺两的方式从消费者那里得到额外的补偿。

第三,政府偏好将替代销售者偏好。如果不希望通过排队的方式来分配猪肉,政府将要采用配给的方式来直接分配。政府将猪肉供给量 Q_1 印制并发放肉票(这也是存在成本的),这样就可以把销售者偏好转化为政府偏好,但这极有可能诱发权力参与猪肉票的配给。

第四,有可能出现黑市。如果政府的监督力度不够,就很有可能出现黑市。按照图 3-9,在限制价格为 16 元/千克时,市场的供给为 Q_1,而在 Q_1 的数理时,需求价格可高达 24 元/千克。因此,黑市的存在既不能保持市场的限制价格,保护消费者的利益,同时也损害了生产者的利益。只有那些不法的中间商从最高限价中获得了一定的收益。

从长远看,最高限价还会抑制供给量,限制价格会挫伤农民养猪的积极性,使他们转而生产其他商品,这就使得供需矛盾更加尖锐,可能会促使政府采取更严厉的限制措施。

二、支持价格

支持价格也称为最低限价(或保护价),顾名思义,它就是政府为了保持某些产品(特别是农产品)的生产者利益而制定最低限价一政府允许的最低售价,支持价格往往高于市场的均衡价格,否则就没有激励生产者的作用。政府所规定的支持价格会对供给和需求产生什么影响呢?对市场地均衡价格和数量产生什么影响呢?我们通过图 3-10 来分析。

从图 3-10 可以看出,最低限价会导致过度供给。如果政府在 P_1 的价格上收购,并在价格 P_0 零售,那么政府就要承受巨大的财政负担,使得这一政策必然不能持续太久,如果政策不准备财政支持,只是规定一个最低限价,过度的供给会使得部分生产者愿意以 P_2 的价格销售其产量。这样便产生了黑市。当然,政府还有可能规定每个生产者(比如每家农户)的生产额度(或收购额度),这便是"限产"措施,或称"产量配额"政策,使得总产量恰好等于 Q_1,这样政府就没有财政负担,便要实施限产,其工作量非常大,往往很难做到,而且还造成事实上的资源浪费,损害社会福利水平。

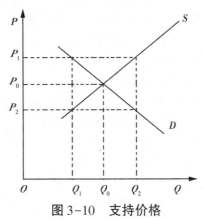

图 3-10　支持价格

上述分析均是对政府通过最高限价和最低限价干预经济的一种实证分析,即:如果政府干预市场,便会有这些结果产生,那么,政府应该不应该以最高限价或最低限价干预市场的运行？绝大多数经济学家对政府以此方式干预经济表示不大赞同,认为会损害社会福利,但是,分析社会经济问题不能单纯从经济角度来分析,同时还要考虑到社会因素及其他方面的一些因素。为了社会稳定,或政治家为了政治利益,或为了获得更多民众的支持和选票,政府经济赞成采取政府干预市场的办法,事实上,西方主流经济学在政府对市场的干预方面的研究也取得了较大进展。

三、价格管制

价格管制是指政府对处于自然垄断地位的企业的价格实行管制,以防止它们为牟取暴利而危害公共利益。价格管制一般包括双面管制和绝对管制。

1.双面管制

双面管制是政府对某些产品既规定价格上限,又规定价格下限,只准价格在这个范围上下浮动。目的是防止物价暴涨或暴跌。

2.绝对管制

绝对管制是政府对某些产品直接规定一种价格,买卖双方必须按照这种价格交易,没有任何伸缩余地。例如政府希望增加棉花的供应,就可以规定一种较高的棉花价格,政府为了保证消费者的一般生活必需品,也可以直接规定自来水、天然气和民用电在一定数量内的较低价格。

根据价格理论,由市场供给关系所决定的价格调节者生产与消费,使资源得到最优配置,但价格调节是在市场上自发进行的,有其盲目性,所以在现实中,有时由供给所决定的价格对经济并不一定是最有利的,这就是说,由价格机制进行调节所得到的结果,并不一定符合整个社会的长远利益。

价格调节的不完善主要表现在两个方面,一方面,在短期看,这种供给决定的均衡价格也许是合适的,但从长期来看,对生产有不利的影响,例如,当农产品过剩时,农产品的价格会有较大幅度下降,这种下降会抑制农业生产。从短期看,这种抑制作用有利于供求平衡。但农业生产周期较长,农产品的低价格对农业产生抑制作用之后,将会对农产品生产的长期发展产生不利影响。当农产品的需求增加后,农产品并不能迅速增加,这样就会影响经济的稳定。特别是农业中的基本生产要素——土地被改作他用(如改为高尔夫球场或建房)后,这就会从根本上动摇农业,使之陷入无法恢复的衰落。因此供求关系引起农产品价格波动。从长期来看,不利于农业发展的稳定,农业的发展需要一种稳定的价格。另一方面,由供给与需求所决定的价格会产生不利的社会影响,例如,某些生活必需品严重短缺时,价格会很高,在这种价格下,收入水平低的人无法维持最低水平的生活,必然产生动乱。这就是某些西方经济学家所说的,当牛奶价格很高时,富人可以用牛奶喂狗,而穷人的儿子却喝不上牛奶。能说这种价格合理吗?可见,价格是无人性的,社会当然不容许这种价格维持下去。

第四章　消费者行为理论及其应用

第一节　消费者行为理论

经济分析有基本的假设条件即稀缺性,资源相对于人的欲望是稀缺的,对于经济整体该假设成立,对于单个消费者而言该假设同样成立。在稀缺条件下,社会在追求现有资源条件下社会福利的最优,消费者总是在追求现有资源约束条件下(最可能的是收入约束)自身福利的最优,该福利可以用消费一定商品所带来的满足程度来衡量,在经济学上被称为效用。简言之,消费者理论是研究消费者在一定收入条件下,通过对各种商品消费数量的选择,实现其自身效用最大化的理论。

有关消费者行为最基本的假设是消费者追求效用的最大化(或追求最大的满足)。因此,要研究消费者行为理论,就必须研究效用理论。效用指消费者从消费一定量的商品中所感受到的满足程度。一种商品对消费者是否具有效用,取决于消费者是否有消费这种商品的欲望,以及这种商品是否具有满足消费者欲望的能力。

效用理论有两个主要分支:基数效用理论和序数效用理论。

基数效用论是早期研究消费者行为的一种理论。英国的威廉·斯坦利·杰文斯(William Stanley Jevons)、奥地利的卡尔·门格尔、法国的里昂·瓦尔拉斯是基数效用理论的倡导者。基数效用论者认为,效用如同长度、重量等概念一样,可以具体衡量并加总求和。效用的大小可以用1、2、3……百、千、万这样的基数来表示,计量效用大小的单位被称作效用单位。例如,对某一个人来说,吃一个面包的效用为4效用单位,然后他又吃了一个牛排,此时效用之和为16效用单位。根据这种理论,可以用具体的数字来研究消费者效用最大化问题。基数效用论采用的是边际效用分析方法。

以E·斯卢茨基(Evgenievich Slutsky)、维尔弗雷多·帕累托(Vilfredo Pareto)、约翰·希克斯(John Richard Hicks)为代表的经济学家认为,效用是人的一种主观心理感受,效用的大小是无法具体衡量的,效用之间的比较只能通过顺序或等级即用序数(第一、第二、第三……)来表示,即序数效用理论。序数效用论者认为,仍就上面的例子来说,消费者要回答的是偏好哪一种消费,即哪一种消费的效用是第一,哪一种是第二。或者是说,要回答的是宁愿吃一块面包还是吃一份牛排。进一步地,序数效用论者还认为,就分析消费者行为来说,以序数来度量效用的假定比以基数效用的假定所受到的限制要少,它可以减少一些被认为是值得怀疑的心理假设。序数效用论的分析方法是无差异曲线分析。

一、边际效用分析——基数效用论

(一)总效用和效用函数

基数效用论者认为消费一定量的商品,消费者可以对得到的效用进行衡量和加总。总效用是一个人从物品与劳务的消费中得到的总的满足程度。总效用取决于消费量,消费越多,得到的总效用越多。这样消费量和总效用量之间就建立了效用函数关系,例如消费两种商品的效用函数为:

$$U=f(x_1,x_2)$$

其中,U(或 TU)表示总效用量,x_1,x_2 表示消费的商品量。

(二)边际效用和边际效用递减规律

边际效用指其他种商品消费量不变时,增加消费某种商品一单位所带来的总效用的增量,即 $MU=\dfrac{\Delta TU}{\Delta x}$或 $MU=\dfrac{dTU}{dx}$。这里为避免使用偏导数,假设只消费一种商品。

随着人们消费某种商品数量的增多,从消费最后一单位商品中获得的满足程度将下降,这似乎是符合人们的消费心理的。设想一种极端的情形,当你在沙漠中行走处于极度缺水的状态,这个时候如果有人以一千元一瓶的价格向你出售矿泉水也许你也会买,喝了第一瓶矿泉水以后,你的饥渴度得到了极大满足,第一瓶矿泉水给你带来了极大的满足;如果有人继续以同样的价格向你出售第二瓶矿泉水,你可能就不会购买了,因为第二瓶矿泉水已经不可能给你带来同样多的满足,换句话说,你对第二瓶矿泉水的支付意愿也在下降;以此类推,到第 20 瓶矿泉水时,你可能只愿意支付一瓶矿泉水的储备价格,也就是一元钱,甚至不支付,因为携带水太沉。

这一假说被称为边际效用递减规律。边际效用递减规律是指在一定时间内,在其他商品的消费数量保持不变的条件下,随着消费者对某种商品消费量的增加,消费者从该商品连续增加的每一消费单位中所得到的效用增量即边际效用是递减的。为什么边际效用递减呢？根据西方学者的解释,有两个方面的原因:一是因为生理或心理的原因;二是设想物品有多种用途,并且各种用途的重要程度不同,人们总会把它先用于最重要的用途,也就是效用最大的地方,然后才是次要的用途,故后一单位的物品给消费者带来的满足或提供的效用一定小于前一单位。

(三)消费可能性和预算约束

经济学认为,作为有理性的人,消费者的行为是用有限的货币收入通过在市场上的购买以获得最大效用和最高满足水平的行为。为此需要知道消费者的预算约束线,预算约束线指消费者用有限的货币能够买到和不能够买到的价格已定的两种商品各种可能组合的分界线。在预算约束线内和线上的商品组合都是消费者可以实现的消费,在预算约束线外的商品组合都是消费者无法实现的消费。经济学假定在预算约束线内的商品组合效用小于在预算约束线上的商品组合效用,这样只需考虑预算约束线上的商品组合。假设消费者的收入为 M,他打算买进的两种商品的价格 P_1、P_2 为既定,则他的预算约束线为:

$$M = P_1 x_1 + P_2 x_2$$

如图 4-1 所示。

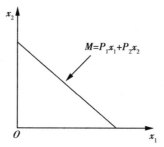

图 4-1　消费者的预算约束线

(四)消费者的效用最大化选择——消费者均衡

消费者的收入和商品的价格限制了消费者的选择,消费者偏好则决定了其从每种消费可能中得到的效用。边际效用理论假设消费者选择使其总效用最大化的商品组合进行消费,这是消费者在稀缺性条件下配置其资源的一个原则,此时,消费者选择模型的数学表达为:

$$\begin{cases} \max U = f(x_1, x_2) \\ s, t, M \leqslant P_1 x_1 + P_2 x_2 \end{cases}$$

解得均衡条件为：

$$\frac{MU_1}{P_1} = \frac{MU_2}{P_2}$$

这个均衡条件具有明确的经济含义，即当消费者实现效用最大化的时候，他花费在每一种商品上的每单位货币(1元钱)的边际效用应该是相等的。

消费者均衡是指在现有收入和价格约束条件下，消费者会选择使其效用最大化的商品组合进行消费。基数效用理论的消费者均衡条件是等边际准则，即当花费在任何一种物品上的最后一元钱所得到的边际效用都相等时，该消费者就可得到最大的满足或效用。

两百多年前，亚当·斯密在《国富论》中提出了价值悖论，即著名的"水晶矛盾"，没有什么能比水更有用，然而水很少能交换到任何有用的东西；相反，钻石几乎没有任何使用价值，但却经常可以交换到大量的其他物品。从消费者均衡条件中可以找到该价值悖论的解释，即商品的价格之比取决于其边际效用之比，而非其总效用之比，水的低价格可以解释为其低的边际效用，钻石的高价格则可用其高的边际效用来解释。水虽然非常有用，但是我们每天使用很多的水，导致最后一单位水的效用是极低的，低边际效用导致了水的低价格；钻石虽然没有任何使用价值，但钻石供给稀缺，拥有一颗钻石可以给人们带来极大的心理满足，"钻石恒久远，一颗永流传"，可见其具有极高的边际效用，由此可以解释其高价格。

(五)为什么需求曲线向下倾斜

根据消费者选择模型可以推出消费者对某种商品的需求曲线。当商品2的价格一定时，若商品1的价格下降，消费者在商品1价格下降前的均衡选择条件就要被破坏，为重新达到最优选择，根据边际效用递减规律，他将增加商品1的购买量，减少商品2的购买量，直到重新恢复均衡。可见，消费者对某种商品的需求曲线通常情况下斜向右下方，而且需求曲线上的每一点背后表明的是消费者在既定约束条件下的最优选择。

由以上分析可知，随着商品边际效用的递减，从而导致消费者对该商品的边际需求价格也递减，如图4-2所示，需求曲线向右下方倾斜。

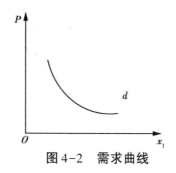

图 4-2　需求曲线

二、无差异曲线分析——序数效用论

(一)关于消费者行为的几个基本假设

消费者在消费过程中首先关心的就是他所面临的各种消费品给自己带来的满足程度。显然,消费者在嗜好上的差异会导致其购买商品决策的差异,因此,这里有必要了解经济学关于消费者行为的几个基本假设。

第一个假设是,面对市场中两种可能的商品组合,消费者能够确定他更喜欢哪一种商品组合,或者认为对二者的偏好相同,无差异。如 A 商品组合是 3 块巧克力和 2 个苹果,B 商品组合是 1 块巧克力和 4 个苹果,不同的消费者可能对这两种商品组合的评价不同,但是他们总可以确切地知道自己更喜欢哪一种商品组合或者认为二者无差异。

经济学家作出的第二个假设是,消费者的偏好具有传递性。如果消费者喜欢可口可乐甚于百事可乐,又知道其喜欢百事可乐甚于非常可乐,那么他一定喜欢可口可乐甚于非常可乐;否则,其偏好就是不可传递的。这和数学上的传递性是相似的,如果已知 $A>B$,且 $B>C$,一定有 $A>C$。虽然并非所有的消费者偏好都是可传递的,但并不妨碍这一假设作为消费者行为模型的合理基础。

关于消费者行为的第三个基本假设是,消费者总是喜欢较多的商品而不是较少的商品。例如 A 商品组合是 3 块巧克力和 2 个苹果,B 商品组合是 3 块巧克力和 4 个苹果,我们自然可以判断消费者更喜欢 B 商品组合,因为 B 商品组合包含更多的商品。这一假设在一定条件下也是合理的。

(二)无差异曲线

序数效用论者认为消费者在作出选择时,只需要比较不同满足程度的大小,而不必要确切知道具体效用的数值,他们以此为出发点,在分析中使用了无差异曲线这一概念。无差异曲线 ,它表示消费者认为偏好相同(有时也称满足水平相同)的所有商品组合的轨迹,可以存在许多条无差异曲线,每一条无差异曲线都表示一种不同的满足程度,如图4-3所示。

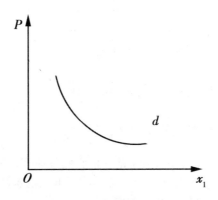

图4-3 消费者的无差异曲线图

一般情况下,无差异曲线具有下面几个特征。

第一,无差异曲线向右下方倾斜。消费者为了维持相同的满足程度,要增加一种商品的消费,就必须减少另一种商品的消费。如果无差异曲线斜率为正,则意味着数量较多的商品组合和数量较少的商品组合给消费者的满足程度相同,这不符合消费者行为的第三个假设,消费者总是喜欢较多的商品。

第二,离原点越远的无差异曲线,表示消费者越高的满足程度,代表的效用水平越高。由于较高位置的无差异曲线包含相同数量的第一种商品和更多数量的第二种商品,或者相同数量的第二种商品和更多数量的第一种商品。

第三,无差异曲线凸向原点。无差异曲线的斜率是边际替代率,用 MRS 表示,边际替代率指消费者在保持效用水平不变的条件下,愿意用一种商品替代另一种商品的比率。边际替代率通常取决于消费者目前消费的每一种物品的量。增加一个单位的商品 1 所愿意放弃的商品 2 的数量,称为商品 1 对商品 2 的边际替代率,记为。由于人们更愿意放弃已经拥有数量较多的商品,而不愿意放弃拥有数量较少的物品,因此,随着横轴商品消费数量的增加,为维持效用水平不变,增加单位横轴商品的消费,消费者愿意放弃的纵轴商品的数量是在减少的,商品边际替代率的计算方法为:

$$0 = \mathrm{d}U = MU_1\mathrm{d}x_1 + MU_2\mathrm{d}x_2$$

$$\frac{\mathrm{d}x_2}{\mathrm{d}x_1} = -\frac{MU_1}{MU_2}$$

由于边际效用是递减的,因此边际替代率是递减的,由此决定了无差异曲线是凸向原点的(图4-4)。

第四,无差异曲线有无数多条,任意两条都不相交。如图4-5所示,如果无差异曲线相交会产生矛盾。A商品组合和B商品组合对某消费者而言无差异,B商品组合和C商品组合对该消费者也是无差异的,根据消费者行为的传递性假设,A商品组合和C商品组合对该消费者也是无差异的。事实上这是不可能的,C商品组合所包含的商品数量要多于A商品组合,根据多优于少的假设,该消费者会更偏好C商品组合。

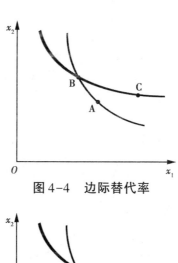

图4-4　边际替代率

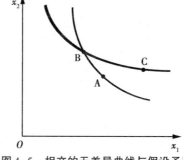

图4-5　相交的无差异曲线与假设矛盾

（三）消费者的最优选择

以下只研究良好性状的偏好,即无差异曲线斜向右下方且严格凸向原点。可以通过函数来描述无差异曲线图,为保持一致性,仍称此函数为效用函数:

$$U = f(x_1, x_2)$$

这里的效用只表明消费者对不同商品组合的偏好次序,至于它们的效用大小则没有意义。此时,消费者选择模型的数学表达为:

$$\begin{cases} \max U = f(x_1, x_2) \\ s,t, M \leqslant P_1 x_1 + P_2 x_2 \end{cases}$$

解得均衡条件为:

$$\frac{MU_1}{MU_2} = \frac{P_1}{P_2}$$

如图 4-6 所示为消费者选择模型的几何图示,消费者的最优选择点为 $E_0(x_{10}, x_{20})$,它表明消费者在既定约束下选择了最高满足水平的商品组合。通过比较可以发现,基数效用论和序数效用论两种理论尽管分析思路、方法不同,但二者关于消费者均衡条件的结论却是完全相同的。

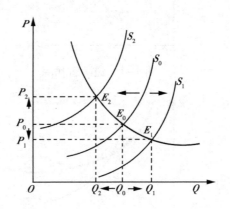

图 4-6 消费者的选择

（四）消费者均衡的变动

1. 收入变动如何影响消费者的选择

收入增加时,消费者买得起更多的商品,收入增加会影响预算约束线向外移动,由于两种商品的相对价格没有变化,新预算约束线的斜率并没有变化,收入增加引起预算约束线平行向外移动。

预算约束的扩大允许消费者消费更多的商品,在经济学上,收入增加引起需求量增加的物品称为正常物品;收入增加引起需求量减少的物品称为低档物品。因此,收入变动对正常物品和低档物品的影响方向是不同的(图4-7)。

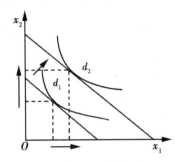 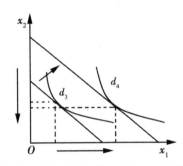

　(a)商品1,2都是正常物品　　(b)商品1是正常物品,商品2是低档物品

图4-7　收入变动对消费者均衡的影响

2.价格变动如何影响消费者的选择

当其中一种商品的价格发生变动时,两种商品之间的相对价格发生变化,因此,预算约束线的斜率会发生变动。由于另外一种商品的价格不变,预算线的一个端点位置不变,预算线会围绕价格不变商品所对应的端点旋转,商品价格上升,预算线向内旋转;商品价格下降,预算线向外旋转(图4-8)。

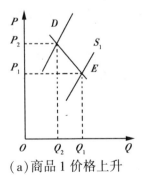 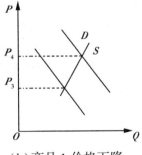

　(a)商品1价格上升　　　　(b)商品1价格下降

图4-8　商品1价格变动对消费者均衡的影响

一种商品价格的变化可能通过两种途径对消费者产生影响。首先,消费者可

能得到不同的满足水平;其次,由于相对价格的变化,消费者很可能以现在较便宜的商品替代较昂贵的商品。我们可以将价格变化所产生的总效应分为两部分:替代效应和收入效应。

如图4-9所示,假设在商品价格提高时,能够提高消费者的货币收入,其数量足以使消费者停留在原无差异曲线上,增加一条与新的预算线平行且与无差异曲线 $I1$ 相切的一条预算线可以做到这一点,这条预算线称为补偿预算线,即为维持实际满足程度不变,在新的相对价格下,以假想的收入变化来补偿价格变化的影响而作出的一条预算线。该补偿预算线有两个特征:①与价格变化后的新预算线平行;②与原均衡状态效用水平的无差异曲线相切。

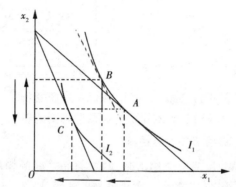

图4-9　商品1价格上升的替代效应和收入效应

替代效应定义为假定消费者满足程度不变时,由商品价格变化引起的该商品消费量的变化;收入效应定义为所有商品价格保持不变时,完全由真实的收入变化而引起的该商品需求量的变化。这样,就可以在图中找到替代效应是沿着原无差异曲线 I_1,变动到新的边际替代率的切点(即补偿线与原无差异曲线切点)处的需求量变动,即 A 点到 B 点所对应的需求量的变动;收入效应是在新的相对价格水平下,沿着原无差异曲线变动到新均衡点的需求量的变动,即 B 点到 C 点所对应的需求量的变动。

第二节 消费者行为理论的应用

一、消费者行为理论的一般应用

(一)是否所有的需求曲线都向右下方倾斜

前面我们说当商品 2 的价格一定,商品 1 的价格上升时,消费者将重新进行最优选择。此时,消费者对商品 1 的需求量有可能减少,则消费者对商品 1 的需求函数为斜向右下方。消费者对商品 1 的需求量也有可能增加,如图 4-10 所示,当商品 1 的价格上升时,由于替代效应,消费者对商品 1 的需求量会减少,但如果商品 1 是一种低档物品,收入效应会导致对该商品的需求量增加,如果收入效应大于替代效应,则需求量的增量大于减量,总效应则表现为商品 1 的需求量增加。这样,就出现了一条反常的需求现象,当商品 1 的价格上升时,对该商品的需求量增加;反之也成立,即当商品 1 的价格下降时,对该商品的需求量会减少。无论何种情况,需求曲线上的每一点背后表明的都是消费者在既定约束条件下的最优选择,则消费者对商品 1 的需求函数为斜向右上方,这种商品称为吉芬商品。

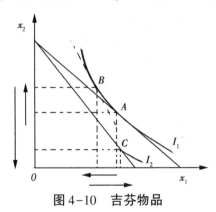

图 4-10 吉芬物品

从经济学角度来讲,吉芬商品只是一种特殊的低档商品,在消费者收入增加的时候,对该商品的需求量会增加。它和普通的低档商品的区别在于,当该商品价格变化的时候,由于收入效应和替代效应反方向变动,收入效应的变动量大于替代效应的变动量,总效应表现为收入效应的变动方向,即价格上升,需求量增加;价格下降,需求量减少,需求曲线表现为向右上方倾斜。对于普通的低档商品,由于收入效应的变动量小于替代效应的变动量,总效应表现为替代效应的变动方向,即价格上升,需求量减少;价格下降,需求量增加,需求曲线表现为正常的向右下方倾斜。

(二)穷人更喜欢现金转移支付还是实物转移支付

政府有一个重要的功能就是帮助穷人,对于政府而言,既可以采用现金方式救济穷人,也可以采用实物方式救济穷人,譬如向需要帮助的人发放食物券或配租房屋。在西方国家,政府经常采用发放食物券的方式进行转移支付。以下内容将要分析政府采用现金转移支付和发放同等价值的食物券给接受帮助的人带来的福利变化。

图4-11显示了现金转移支付和实物转移支付的福利变化。我们把消费物品分为食品和非食品两类,现金转移支付表现为接受帮助的消费者的收入增加。在食品和非食品价格不变的条件下,收入增加表现为预算线平行向外移动,消费者在更高效用水平的无差异曲线上实现新的消费均衡,消费者福利水平的变化表现为均衡点从A点到C点的变化,由于C点位于更高位置的无差异曲线上,所以消费者的福利增加了。在发放同等价值的食物券的实物转移支付的情形,发放食物券后,由于消费者必须消费一定数额的食物(横轴非食物的最大消费点不变),发放食物券后的预算线表现为一条折线。如果现金转移支付后消费者的消费均衡点在C点,在实物转移支付情形下,C点是不可能实现的消费均衡,接受食物券的消费者只能在B点进行消费,B点是一个次优均衡,B点所处无差异曲线的位置低于C点,因此,该均衡点消费者的满足程度是低于C点的。这样,就从经济学消费者均衡角度证明了现金转移支付是要优于实物转移支付的。

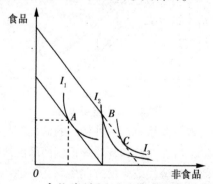

图4-11 食物券计划对消费者均衡的影响

至于为什么现实的经济生活中还是存在形形色色的实物转移支付,这属于公共部门经济学的研究范畴。

(三)工资如何影响劳动供给

前面已经用消费者选择理论研究了人们如何在两种物品间分配人们的收入,接下来研究人们如何安排自己的时间。对于成年人来说,除了每天必需的睡眠休息时间,剩余的时间不外乎被分成了两部分:工作和闲暇。工作的目的从最低层次来说就是获取收入以进行消费,因此,对时间的分配就归结为对闲暇时间和所需消费的选择。对某位自由撰稿人而言,一天的可支配时间是 16 小时,工作 1 小时的收入是 50 元,R 为他的闲暇时间,C 为其消费,则他的预算约束可以表示为:$R + \dfrac{C}{50} = 16$。图 4-12 显示了他的预算约束线,或者 16 小时都用于闲暇,或者 16 小时都用来工作以赚取 800 元的收入进行消费,最可能的均衡当然是位于这两种极端选择之间的某一点,在该消费者对消费和闲暇的偏好既定的条件下,该选择可以使他实现最大的满足。

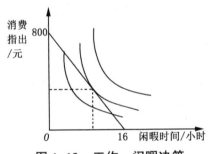

图 4-12　工作—闲暇决策

现在考虑当工资率上升时,自由撰稿人对时间分配的变化。工资率上升表现为预算线向外进行旋转,消费和闲暇的相对价格发生变动,所放弃的每小时闲暇得到了更多的消费。由于闲暇更为昂贵,替代效应会使其因为更高的工资减少闲暇而增加工作时间;另外,当工资增加时,自由撰稿人会选择更高位置的无差异曲线,只要闲暇是正常物品,收入效应(收入效应分为普通收入效应和禀赋收入效应)就会使其增加闲暇而减少工作时间。如果替代效应小于收入效应,结果就如图 4-13(a)所示,该自由撰稿人对更高工资的反应是享受更多闲暇;如果替代效应大于收入效应,结果就如图 4-13(b)所示,对更高工资的反应是享受更少闲暇。

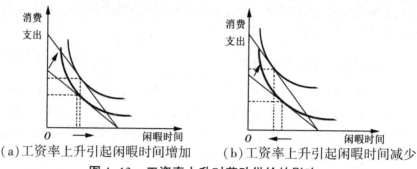

（a）工资率上升引起闲暇时间增加　　（b）工资率上升引起闲暇时间减少

图4-13　工资率上升对劳动供给的影响

图4-13反映了工资率上升引起的消费者对闲暇和消费的两种可能的选择，事实上，这个图也对工资率上升如何影响劳动供给给出了答案。图4-13（a）显示了工资率上升劳动供给减少的情形，图4-13（b）显示了工资率上升劳动供给增加的情形。真实的劳动供给曲线可能是图4-14所示的情形，一条向后弯曲的劳动供给曲线。在工资率开始上升的时候，替代效应大于收入效应，劳动供给时间会随着工资率的上升而增加，当工资率上升到W_0时，劳动供给达到最大值，之后随着工资率的进一步上升，收入效应大于替代效应，劳动供给会开始减少。

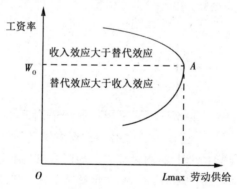

图4-14　向后弯曲的劳动供给曲线

（四）储蓄和消费决策问题

消费者的收入会分配于消费和储蓄，消费是现期消费，储蓄则是为未来储备的消费。一般而言，储蓄会有利息收入，换言之，单位收入的未来值要大于现值。这里用消费者选择理论来研究消费者如何在消费和储蓄之间作出决策，该决策取决于储蓄可赚得的利率。

设想一个消费者的一生分为两个时期,年轻时,他工作并赚取收入,除了当期消费,他还会把一部分收入用于储蓄,以备年老所需;年老时,他退休了,没有收入,消费他所储蓄的钱及其利息。消费者年轻时赚取的收入是 100 万元,假设利率是 10%,该消费者年轻时每储蓄 1 元钱,年老时他就可以消费 1.1 元。

用横坐标表示消费者年轻时的消费 C_Y,纵坐标表示消费者年老时的消费 C_o,该消费者的预算约束可以表示为:$C_Y + C_0/1.1 = 100$,预算约束线如图 4-15 所示。消费者的偏好用图 4-15 中的无差异曲线来表示,消费者的最优消费组合反映在预算约束和无差异曲线的切点处,在该消费均衡点,消费者的现期消费为 50 万元,储蓄也为 50 万元。

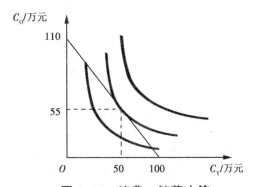

图 4-15　消费—储蓄决策

如果利率变动,消费者的消费和储蓄决策也会发生变化。考察利率从 10% 下降到 5% 的情形,预算约束线将向内旋转,在新的利率下,消费者在年轻时每放弃 1 元钱的消费在年老时得到的消费变少了。

通过对利率降低的替代效应和收入效应对图 4-16 作出说明,当利率降低时,相对于年老时的消费,年轻时消费的成本变低了,替代效应使该消费者在年轻时消费的更多,储蓄更少。利率降低使消费者在更低位置的无差异曲线进行决策,消费者状况恶化了,如果两种时期的消费都是正常物品,两个时期的消费都会减少,即收入效应使消费者消费的更少,储蓄更多。总效应取决于收入效应和替代效应的大小,如果收入效应小于替代效应,则利率降低会导致消费减少,储蓄增加,即图 4-16(a)所示的情形;如果替代效应小于收入效应,则利率降低会导致消费增加,储蓄减少,即图 4-16(b)所示的情形。

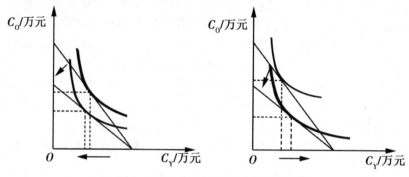

图 4-16　利率降低对消费和储蓄的影响

由以上分析可知,利率对储蓄的影响效果是不确定的。政府旨在增加储蓄或刺激消费的利率政策、税收政策的实际经济效果不一定能够达到理想中的效果。

二、消费者计划行为理论在市场营销中的运用

伴随着市场经济以及全球化的发展,市场竞争日益激烈,企业要想提高自身的经济效益建立良好的企业信誉形象、扩大企业的市场影响力、提高自身的社会价值就要进行有效的市场营销。基于此,各个企业都运用了各种营销方式进行市场营销,并都取得了不同的效果。消费者计划行为理论就可以看作为一种市场营销方式,我们需要对其含义、应用进行有效的分析,以制定科学的营销方案,并进行实际应用,使市场营销质量以及水准得到显著的提升,并使企业的良好经济效益最大化。

(一)消费者计划行为理论

消费者计划行为理论被应用于市场营销活动,对新产品的市场投放、转变消费者的消费态度以及品牌的建设等方面取得了一定的显著效果。它是指对消费者为使自己的购物欲得到满足,遵循已定计划进行物品决策、实施购买行为的研究以及分析的理论。目的是对消费者的市场心理与市场行为进行研究分析,而一些企业和商家需要进行有效的市场营销,使消费者完成对某些物品的购买行为,使企业和商家获得经济利益。它主要由三个部分来构成:第一,消费者进行消费行为的关键因素,是其消费意愿。第二,与消费行为有关的其他因素也会对消费者的行为产生影响。第三,当一种因素对前两种因素产生改变时,也会对消费行为产生影响。

（二）消费者计划行为理论在市场营销中的应用

1. 对影响消费者群体消费行为的因素进行科学预测分析并制定针对方案

消费者计划行为理论中一再强调，相关工作人员需要及时提高对可以影响消费者消费行为的因素进行科学的预测和测量的重视意识，并认定此种内容可以作为开展经济营销活动中的前提条件，以企业内部的实际发展情况作为核心要素进行科学的测量。在进行具体预测和测量过程中需要侧重进行如下两方面内容的测量。

（1）消费者群体在为消费某一经济产品进行资金支付的心理程度价格并附带一篇问卷调查。题目为"如果我有欲望想要购买该商品我是否将支付现金进行实际购买行为"。依照消费者的实际作答情况主要分为四种：可能、一般可能、不太可能、不可能。接下来再次进行问卷调查"为此种商品进行花费大量的现金你觉得合理吗？"答案同样也是四种：非常合理、合理、比较不合理、不合理。企业需要依据其问卷调查后的数据结果科学地预测消费者对于这一经济产品的消费力的最大值为多少，进而科学的制定下一步的经济营销计划。

（2）主要是指结合他人的参考意见进行决定是否实施购买行为。对于此内容的预测与测量同样也可以依靠问卷调查进行科学的分析。例如，第一问题设定为"我的朋友认为我应该购买此商品"，第二个即为"我将遵照我朋友的想法购买商品"。然后进行总结，整合消费者的答案并依据其答案进行科学的测量。在进过科学的预测后，企业会从中找出诸多可以借鉴的资源信息进行针对性的分析并赢取消费者的购买兴趣。

2. 落实消费者群体利益最大化，激发消费者的消费欲望

通过深入的分析探究消费者计划行为理论中的相关内容，我们可以比较明显地看出消费者在对企业生产的某一产品产生购买欲望后，就会自主地投入至积极的关切态度。为此企业在进行实际市场营销过程中需要充分对比自我的经济竞争者后，从中找到自我的发展优势以此来全面激发消费者的消费信心。简单地说，企业可以通过创新自我的市场营销活动，进而创造出更具实效性的顾客客源。

企业需要充分的落实经济付出资金成本、统筹管理经济数值的理念来进行实际开展自我的经济经营活动。当消费群体在对企业内部中生产的某一产品产生兴趣时，企业并不只是单纯的获取经济收益同时还进一步的升级了自我的服务质量。消费者在支付资金的过程中，同样也付出了的大量的时间与空间以及自我对于此

产品的信任。为此,企业需要从各种途径中放宽产品自身考核消费者实际收益能力以及消费能力。

当前阶段大部分企业在进行经济营销过程中,只是专注于内部经济产品的具体质量,却严重的忽略了消费群体的相关价值趋向,认定只要内部有可以推动营销的优质经济产品就可以获取大量的资金市场,但是企业这种经济营销观念确实十分错误的。经济市场内的经济产品的内在属性只有在真正被消费后才存在应有的经济价值,进而才可以有效推动企业内经济的快速发展。

但是当前阶段中经济市场的主要发展情况为经济市场内的大多数经济产品的质量存在诸多的区别。随着我国经济科技实力的不断提升,促使大部分的生产厂家在进行实际生产过程中,其生产的质量、具体的产品性能等方面也逐渐实现持平状态假若只是将产品的质量作为经营主体必定会造成企业在其他方面失去经济营销优势,进而诱发了企业经济实力日渐低下的问题。多元化的经济价值决定了在全面保障经济商品的质量。

企业需要侧重进行提高服务质量、维护客源、整体客户消费福利等多种形式有效地激发消费者的消费欲望进而全面激发消费者的注意。此种科学的企业经营竞争战略已经在我国部分地区被广泛应用并取得了可人的成绩。

3. 科学运用企业内部经济整合营销战略

这种营销战略可以最大限度地减少消费者的经济价值的流失。当前阶段,整合营销作为经济市场内的各个企业在进行实际市场营销过程中系统的流程,其活动中的每一个环节都涉及了购买原材料、实地生产、物流配送、市场销售、终端服务等,需要紧紧地围绕消费群体的这一核心人物进行展开经济营销活动。只有销售人员切实有效的完成好自我本职工作,才有可能达成企业内部制定的经济发展目标,进而有效地促进消费者对其经济产品的购买态度。然而在进行实际营销过程中,这一中心环节却存在严重的不均衡的问题,市场经济中的企业领导在进行自主管理过程中,经常性地错误认定营销活动只需要有效地实现顾客的消费需求,进而严重的忽视了对其后期维护和服务等方面的优化升级。大量的实验数据证实,社会生活中的消费者虽然很难记忆企业营销活动中的优势内容,但是对其存在的缺点却记忆犹新。部分细枝末节的事物就会造成严重损坏企业外部良好形象的问题,为企业带来不可估量的经济损失。为此,企业在进行实际营销过程中,需要深入的进行挖掘营销活动中每个环节的升级、调整,使得消费群体的价值可以实现最大化。

4.科学有效地进行消除价值坠距

当前阶段,经济市场中出现的价值坠距主要是指生产商家对其消费者群体提供产品价值过程中,因为一些不定性因素的作用而导致与消费者群体的实际要价之间的差距。其中主要包括以下四种形式。

(1)消费者群体的实际价格要求与生产厂家所认知并理解的产品价值之间的巨大偏差,主要是指企业并没有切实有效的理解并掌握其消费群体的实际价格需求。

(2)生产企业在具体理解消费者群体价值以及与生产厂家进行商议产品价值过程中的偏差问题,简单地说,就是即便生产家全部了解其消费者群体的具体价格需求,但是这一部分需求并无法完全地反应于生产企业的具体工作管理的机制中。

(3)生产厂家自身制定的经济管理制度与其具体的实施方案存在一些偏差。

(4)生产厂家的生产具体落实情况与消费者群体之间严重缺乏良性沟通,即生产企业在为消费者群体进行顾客创造充足的产品价值并被其消费者所利用以外,并没有及时有效地进行服务提醒、告知其客户群体并完成一系列的后续工作等。

这四个方面的坠距具有不可分割的内在属性,只有切实有效的做好价值坠距的相关工作,才可以最大限度地降低其经济损失并实现消费者群体的利益最大化。

5.科学有效的运用社会传播,建立良好的产品积极评价

经济社会中涉及的社会网,主要是指消费者群体通过不断的社会交往组建的交际网络。核心属性是指经济市场内的各个成员之间存在的相互信任的友好关系。我国当前社会,作为人与人之间交际活动中性格取向比较显著的形式在具体的经济活动中,自我身边的亲人、朋友之间的友好联系,通常要比正式的约定之间的关系要具备更多的可信赖性和认可性。由于互联网终端技术的不断革新与发展,其经济产品的信息也更加为人们所接受认可,最大限度地节省其经济成本在短时间内培养出一批高质量的消费群体。为此企业在进行经济发展过程中,需要不断提高自身对于社会网内部经济营销效能的重视意识,进而全面运用社会传播,科学地维护和不断地开发全新的消费群,以此来全面保障市场经济营销的质量。

(三)消费者计划行为理论在应用时应注意的问题

首先,要注意消费者计划行为理论的侧重点。一般而言,这一理论的侧重点是消费者对某些特定产品的消费决策行为,但对消费者在同一类产品所在选择的原

因却没有解释清楚。换言之,该理论主要研究的是消费者买或是不买的问题,消费者具体买什么不是该理论研究的重点。

其次,要注意消费者计划行为理论所能适用的范围。该理论仅仅是对消费者的理性消费行为进行研究,对消费者的非理性消费比如冲动以及情感所导致的购买行为,以及故意、自发性的购买行为,传统性的购买行为都不是该理论的研究范围。

针对市场营销中存在的一些问题,消费者计划行为理论对其进行了有效的分析并提供了解决建议,并对消费者的消费水平倾向等诸多方面的预测提供了很多有效建议。对目前的市场营销前景以及消费者的消费状况进行分析,影响消费者进行消费的原因多种多样,产品的营销效果达不到预期也是多方面原因造成的。要对营销方式进行有效创新,使企业的营销方向走向正轨,是现今企业的要完成的首要工作任务。要使企业的产品销售数量以及经济效益得到提高,就必须使营销服务的质量得到良好的改善与提高,并能实施科学有效的营销方案。

第五章　生产者行为理论及其应用

第一节　生产者行为理论

前面我们研究了市场的需求方(消费者)的偏好及行为,现在,转向市场的供给方(生产者),考察企业如何有效地组织生产,符合理性人假设的企业,如何在生产技术水平和生产要素价格既定的条件下选择最优的生产规模。这样将会看到,企业行为与消费者选择的相似之处。

一、生产函数

在生产理论中所要研究的经济行为主体是生产者,也称为企业或企业,它是指为了实现某一经济目标而独立做出统一经济决策的经济单位,它可以是一个个体生产者,也可以是一家规模巨大的公司。在西方经济学中,不论企业的组织形式如何,通常都假定企业是合乎理性的经济人,其生产目的是实现利润最大化。与消费者类似,企业为实现利润最大化而进行选择时也要面临许多约束条件,如技术条件、市场需求和竞争环境等。本节主要考察企业面临的技术约束,说明企业在特定的技术条件下如何有效地组织生产。

生产指把生产要素(企业购买的投入品)转化为商品(企业销售的商品)的过程。在经济理论研究中,从技术角度分析,生产过程可分为两方面:一是投入,即生产过程中使用的各种要素,包括劳动、土地、资本和企业家才能这四种类型;二是产出,即生产出来的各种产品的数量。

生产函数是对一定生产 技术条件的描述,它表示对于一定的生产技术条件,生产要素的投入量与最大产出量之间的关系。为简化起见,假设只有两种生产要素投入,劳动和资本,生产函数可以表达为:

$$Q = f(K, L)$$

式中的 K、L 分别为资本和劳动的投入量。

这个方程显示了产出与资本和劳动者两种投入品之间的关系,生产函数可能描述的是一家生产饮水机的企业其厂房面积和装配工人的数量与每年生产的饮水机的数量之间的关系;也可能是农业机械数量和农业工人人数与某农场主每年收获的稻米的总量之间的关系。通过生产函数,可以看到同一数量的产出可以用不同比例的投入品进行生产,可以使用全自动的流水线进行生产,也可以使用传统的手工工艺进行生产,这取决于不同的资本劳动比率。

在技术水平一定时,生产函数显示了一定量的投入品组合可能生产的最大产出水平,当技术水平提高时,生产函数也会发生变化。换言之,生产函数描述了企业有效运行的技术可行性。在一般的讨论中,并不提及生产的技术效率问题,即假定该条件是始终满足的,因为追求利润最大化的企业是不会浪费资源的。

经济分析经常分为短期分析和长期分析,短期是指生产者来不及调整全部生产要素的数量,至少有一种生产要素的数量是固定不变的时间周期。长期是指生产者可以调整全部生产要素数量的时间周期。在短期内,企业通常使用的是固定规模的生产设备,变化的是劳动力的使用强度,劳动的投入是可变的;在长期内,企业的规模有了变化,短期中的固定投入品也是企业长期决策的结果。

短期和长期的划分,并没有一个特定的时间标准,对于一个冷饮店来说,增加一个冰柜可能就是资本投入变化了,长期可能意味着半天或者一天;在汽车制造业,增加一条汽车的生产线可能需要两年甚至更长时间。

二、只有一种生产要素投入可变的生产函数

所讨论的两种生产要素的生产函数中,劳动投入是可以随时进行调整的,资本投入在短期中被认为是固定的,长期中也是可以调整的。接下来,将要讨论只有一种生产要素投入可变的生产函数。假设资本是固定的,研究劳动投入的变化和产量之间的关系,此时生产函数可以写为:

$$Q = f(\overline{K}, L)$$

在资本固定的条件下,企业可以通过调整劳动投入来提高产量。作为企业而言,必须要对雇佣多少工人、生产多少产量进行决策,因此,必须知道产量如何随着劳动的变化而变化,这可以从生产函数中直接得到。在很多情况下,只有总产量和劳动投入的关系是不够的,还需知道其他一些产量信息,如平均产量和边际产量。表5-1显示了只有劳动投入可变的生产函数提供的总产量、平均产量和边际产量的信息。

表 5-1　一种可变投入（劳动）的生产

资本数量(K)	总劳动量(L)	总产量(Q)	平均产量(Q/L)	边际产量($\Delta Q/\Delta L$)
8	0	0	—	—
8	1	10	10	10
8	2	30	15	20
8	3	60	20	30
8	4	80	20	20
8	5	95	19	15
8	6	108	18	13
8	7	112	16	4
8	8	112	14	0
8	9	108	12	-4

（一）总产量、平均产量和边际产量

1. 总产量（TP）

总产量指一定量的生产要素投入所生产的商品总和。总产量曲线的特点:初期随着可变投入的增加,总产量以递增的增长率上升,然后以递减的增长率上升,达到某一极大值后,随着可变投入的继续增加反而下降。

2. 平均产量（AP）

平均产量指每单位可变要素所带来的产量,它等于总产量除以可变要素量,即 $AP = TP/L$。平均产量曲线变动的特点:初期,随着可变要素投入的增加,平均产量不断增加,到一定点达到极大值,之后随着可变要素投入量的继续增加,转而下降。

3. 边际产量（MP）

边际产量指其他种要素投入量不变时,增加某种可变投入要素一单位所带来的总产量的增量,即 $MP = \Delta TP/\Delta L$（或 dTP/dL）。边际产量曲线变动的特点:边际产量在开始时,随着可变要素投入的增加不断增加,到一定点达极大值,之后开始下降,边际产量可以下降为零,甚至为负。边际产量是总量增量的变动情况,它的最大值在 TP 由递增上升转入递减上升的拐点。

（二）总产量曲线、平均产量曲线和边际产量曲线的关系

1. TP 和 MP 之间的关系

从定义可知边际产量是总产量的一阶导数，表示了总产量的变化率。两条产量曲线的形状恰好反映了这种关系。由图 5-1 可知，当劳动投入量从 0 增加到 L_2 时，MP_L 为正值且曲线呈上升趋势，由于 MP_L 表示 TPL 的变化率，TP_L 曲线以递增的变化率上升；同理，当劳动量从 L_2 增加到 L_4 时，MP_L 为正值但曲线下降，TP_L 曲线以递减的变化率上升；当劳动投入量恰好为 L_4 时，$MP_L=0$，即相应的 TPL 曲线斜率为零，TP_L 曲线达到最大值。当劳动投入量为 L_2 时，MP_L 曲线达到顶点，对应的 TP_L 曲线上斜率递增和递减的拐点。当进一步增加劳动投入量时，MP_L 为负值，所以 TP_L 曲线开始下降。

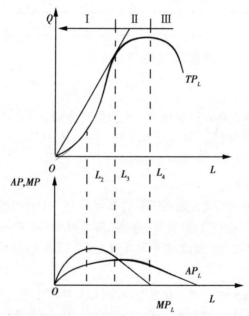

图 5-1　三种产量曲线之间的关系及生产的三个阶段的划分

2. AP 和 TP 之间的关系

由定义：$AP_L = \dfrac{TP_L}{L}$ 可知，任一劳动投入量的平均产量都可以用与该要素投入量对应的总产量曲线上的点与原点之间连线的斜率表示。

3. MP 和 AP 之间的关系

从图 5-1 可以看出，当劳动投入量小于 L_3 时，$MP_L > AP_L$，AP_L 曲线上升；当劳动投入量大于 L_3 时，$MP_L < AP_L$，AP_L 曲线下降；当劳动投入量等于 L_3 时，$MP_L = AP_L$，且此时 AP_L 达到最大值。这是因为就任何一对边际产量和平均产量而言，只要边际产量大于平均产量，就会把平均产量拉上，反之，则边际产量把平均产量拉下。而当 MP_L 与 AP_L 相交时，AP_L 必达到最大值。

了解平均成绩和边际成绩之间的关系，有助于理解边际产量和平均产量之间的关系。例如，小李在本学期前六门课的考试中的平均成绩是 80 分，他即将要参加经济学的考试，经济学的成绩可以看做是边际成绩，边际成绩如果高于 80 分，平均成绩将会上升；低于 80 分，平均成绩下降；边际成绩等于 80 分，平均成绩不变。

这里为避免使用偏导数，假设只有一种可变投入要素（L）。总产量曲线、平均产量曲线、边际产量曲线以及生产的三个阶段的划分如图 5-1 所示。合理的可变要素投入量应在第 II 阶段中。

（三）边际收益递减规律

经济学有一个建立在观察基础上的经验规律称为边际收益递减规律。它是指在技术和只有一种可变投入要素，而其他投入要素一定的条件下，当可变投入要素增加到一定量后，这种要素的边际产量最终将发生递减。

边际收益递减规律表明了一个基本的关系，当更多的投入，如劳动，追加于固定数量的土地、资本等生产要素上时，单位劳动所作用的生产要素减少，劳动的边际产量下降。

如果一个苹果园有 10 架梯子，10 个摘苹果的工人，每个工人每天可以摘 500 斤苹果；如果工人增加到 11 个，梯子的数量不变，由于不能够保证每人一架梯子，大家需要轮流工作，边际产量将下降到 400 斤。

这里可以交换资本和劳动，保持劳动不变，改变资本的投入。资本的边际产量是在其他投入不变的条件下，每一单位资本带来的产出增量，边际收益递减规律同样适用。

边际收益递减规律有一个适用的产量区间，最初的要素投入可能表现出边际产量递增，这可能是分工的扩大等原因带来的边际产量的增加。因此，边际产量曲线会表现出先递增后递减的趋势。

三、两种生产要素投入都可变的生产函数

现在,从长期角度来考察生产函数,资本和劳动投入都是可变的,生产函数可以表达为 $Q = f(K, L)$,这是一个二元函数,不能够在一个平面坐标中进行研究,需要引入新的研究工具。要了解资本和劳动的不同投入组合所能带来的产量水平,既然不能够在二维坐标中研究,那么可以借鉴消费者选择理论中的无差异曲线,考察能够生产出同一产量的要素组合点的轨迹,并根据企业的成本预算约束,选择能够实现既定产量的最小成本或在既定成本约束条件下的最大产量。

(一)等产量曲线

生产函数使得用不同的投入品比例生产同一数量的产品成为可能,表5-2给出了不同投入组合下可得到的产出,从横向看,资本一定时,产出随劳动投入的增加而增加;纵向看,劳动一定时,产出随资本投入的增加而增加。在表格中,还可以找到能够生产同一产量的不同要素组合,如可以生产75单位产品的要素组合有5单位资本和1单位劳动、3单位资本和2单位劳动、2单位资本和3单位劳动、1单位资本和5单位劳动,这样的点还有很多,把它们画在同一坐标中并连接起来即可以得到一条曲线,即等产量曲线。同一等产量曲线上的点代表能够带来相同产出水平的要素组合,这样的等产量曲线可以有很多条,每一条都代表不同的产出水平。

表5-2　资本和劳动都可变的生产

资本投入	劳动投入					
	0	1	2	3	4	5
0	0	0	0	0	0	0
1	0	20	40	55	65	75
2	0	40	60	75	85	90
3	0	55	75	90	100	105
4	0	65	85	100	110	115
5	0	75	90	105	115	120

1. 含义

由于已经假设只有两种生产要素投入,两种生产要素投入都可变的生产函数

属于长期情况。对于同一个产量,可以通过不同的要素组合进行生产,把生产这一产量的所有要素组合点的轨迹称为一条等产量曲线,如图 5-2 所示。以下只研究良好性状的等产量曲线,即等产量曲线斜向右下方而且严格凸向原点。所有不同产量水平的等产量曲线构成等产量曲线图,如图 5-3 所示,等产量曲线图是生产函数的另一种表达方式。

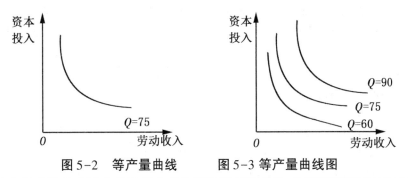

图 5-2 等产量曲线　　图 5-3 等产量曲线图

等产量曲线给出了企业进行生产决策的可行性方案,为了得到特定的产出,企业可以选择不同的投入组合,以达到成本最小,利润最大。

2. 特点

等产量曲线与消费者理论中的无差异曲线非常相似。无差异曲线将消费者的满足程度由低到高进行排列,等产量曲线则将产出水平由低到高排列,与无差异曲线不同的是,每一条等产量曲线都代表一个确定的产出水平,无差异曲线则只给出了一个满足程度的排序。

类似的,等产量曲线的特点如下。

第一,等产量曲线向右下方倾斜。由于资本和劳动的边际产量都为正,在产出不变的条件下,如果一种投入增加,另一种投入必定减少。

第二,距原点越远的等产量曲线表示的产量水平越高,反之,则越低。

第三,同一平面坐标上的任何两条等产量曲线不会相交。因为每一条等产量曲线代表不同的产量水平,同一要素投入组合在现有技术条件下能够生产的最大产出是唯一确定的。

第四,等产量曲线凸向原点。由于随着一种投入的增加,其边际产量是递减的。当不断增加单位劳动时,所增加的边际产量是递减的,为了维持等产量,需要减少相应的资本投入,并且资本投入减少所导致的产量的减少正好等于劳动投入增加所致的产量的增加,随着资本投入的减少,单位资本投入所减少的产量是增加的(资本的边际产量也是递减的),因此等产量曲线的斜率是递减的,曲线凸向原点。

(二)边际技术替代率

我们把等产量曲线的斜率去除负号定义为要素的边际技术替代率(MRTS),即在产量保持不变的条件下(即在同一条等产量曲线上),增加一个单位要素 1 的投入所能够减少要素 2 的投入数量,称为要素 1 对要素 2 的边际技术替代率(图5-4)。劳动资本的边际技术替代率是指在产量保持不变的条件下(即在同一条等产量曲线上),增加一个单位劳动的投入所需要减少的资本的投入数量,称为劳动对资本的边际技术替代率,记为 $MRTS = -\Delta K/\Delta L$,其中 ΔK 和 ΔL 分别是资本和劳动沿着等产量线的变动增量。

边际技术替代率表示在产出水平不变时,企业用劳动替代资本的能力。当等产量曲线为良好性状时,要素的边际技术替代率是递减的。

递减的边际技术替代率表明,任何一种生产要素的生产率都是递减的,当生产过程中使用大量的劳动替代资本时,劳动的生产率下降;反之,当使用大量的资本替代劳动时,资本的生产率下降。企业需要平衡资本和劳动的使用,以达到资源利用最优。

当劳动投入沿着一条等产量曲线发生一个微小的增量变动时,资本投入会发生一个相反方向的变动,并且劳动投入增加产生的产量增加与资本投入减少产生的产量下降相等,即 $MP_L \cdot \Delta L + MP_k \cdot \Delta K = 0$

整理后可得到:

$$MP_L/MP_k = -\Delta K/\Delta L = MRTS$$

在等产量曲线上,边际技术替代率等于劳动和资本的边际产出之比。当不断地用劳动替代资本,资本的边际产出逐渐上升,劳动的边际产出不断下降,边际技术替代率减小。

(三)等支出线和生产者最优要素投入选择

等支出线指企业用一定量的货币能够买到和不能够买到的价格已定的两种生产要素各种可能组合的分界线。在等支出线内和线上的要素组合都是企业可以实现的购买,在等支出线外的要素组合都是企业无法实现的购买。这样只需考虑等支出线上的要素组合,研究企业如何选择才能实现利润最大化。假设企业准备支出的货币量 C,他打算买进的两种要素的价格 P_1, P_2 为既定,则他的等支出线为:

$$C = P_1 x_1 + P_2 x_2$$

与消费者理论所不同的是,企业可以根据需要,通过市场融资的方式,改变等支出线,这里用等支出线图来表示,如图5-4所示。

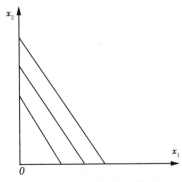

图 5-4　企业的等支出线图

当企业投入要素的价格 P_1, P_2 和产出的商品价格 P 既定时,如果他的支出一定,则他必须使产出最大;如果产出一定,则他必须使他的支出最小,如此企业才能实现利润最大化。此时,企业要素投入选择的数学模型为:

$$\begin{cases} \max Q = f(x_1, x_2) \\ s,t, C_0 \leq P_1 x_1 + P_2 x_2 \end{cases} \text{或} \begin{cases} \min C = P_1 x_1 + P_2 x_2 \\ s,t, C_0 \geq f(x_1, x_2) \end{cases}$$

易知,企业要素投入选择的均衡条件为:

$$\frac{MP_1}{P_1} = \frac{MP_2}{P_2}$$

这个条件也满足:

$$\frac{dx_2}{dx_2} = \frac{P_1}{P_2}$$

(四)企业的扩展路径

把等产量曲线图和等支出线图放在一起,可以得到所有可能的均衡选择点的轨迹,这条轨迹称为企业的长期扩展路径,如图5-5(a)所示。这里的长期意味着所有投入要素都可以改变。长期扩展路径表示在生产要素的价格、生产技术和其他条件不变的情况下,当生产的成本或产量发生变化时,企业必然会沿着扩展路径来选择最优的生产要素组合,从而实现既定成本条件下的最大产量,或实现既定产量条件下的最小成本。如果企业的某一种投入固定在某一水平上,此时企业处于短期情况,运用上述的分析方法可以得到企业的短期扩展路径,如图5-5(b)所示。

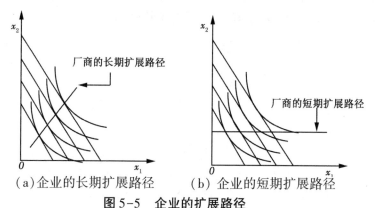

(a)企业的长期扩展路径　　(b) 企业的短期扩展路径

图5-5　企业的扩展路径

(五)规模报酬

企业在长期的生产过程中需要不断扩大生产规模,因此非常关心所有投入变化时产出的变化。当所有的生产要素投入增加一倍时,企业的产出会如何变化呢?可能的结果是产出的增加大于、等于或小于一倍。

如果投入的增加带来更大规模的生产和更专业化的分工,使得劳动生产率提高和资本的节约利用,那么,投入增加一倍,产出的增加可能会超过一倍,这种情形经济学中称之为规模报酬递增,如图5-6(a)所示。假设生产函数为$Q=f(K,L)$,当生产要素等比例增加$a(a>1)$倍时,存在规模报酬递增时,有$Q=f(aK,aL)>af(K,L)$。如果某个产业存在规模报酬递增,那么一个大企业的生产就比许多小企业生产的单位产品的成本要低,生产更经济,高产出意味着低成本。生产集中在大企业可能会带来垄断和价格控制,需要政府对其进行管制。电力、供水、燃气供应等都是存在规模报酬递增的产业。

如果投入增加一倍,产出也增加一倍,这种情形称为规模报酬不变,如图5-6(b)所示。存在规模报酬不变时,有$Q=f(aK,aL)=af(K,L)$。此时,企业的经营规模不影响它的要素生产率,两个相同的企业合并得到的产量是原来的两倍。

最后一种情形是投入增加一倍,产出的增加小于一倍,这是规模报酬递减的情形,如图5-6(c)所示。存在规模报酬递减时,有$Q=f(aK,aL)<af(K,L)$。规模报酬递减可能的原因是规模的扩大带来管理上的困难,进而降低了劳动和资本的生产率。很多大型企业在特定情形下会进行拆分,把其中一部分业务部门出售或

另立新公司,这可能是出现了规模报酬递减的原因。

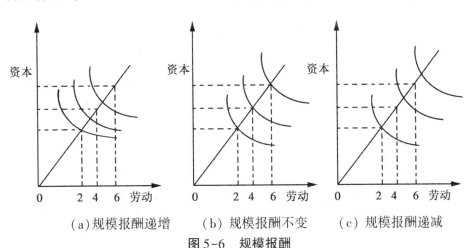

(a) 规模报酬递增　　(b) 规模报酬不变　　(c) 规模报酬递减

图 5-6　规模报酬

规模报酬在不同的行业差别很大。一般而言,规模报酬越显著,该行业中企业的规模越大。资本密集型行业规模报酬递增的可能性较大,因而制造业相比服务业更易产生规模报酬递增。

第二节　生产者行为理论的应用

一、基于生产者行为理论分析纺织业用工和纺织机的选择

在微观经济学中,研究的对象包括生产者行为理论即企业行为理论,而生产者行为理论要说明的问题是:一个以追求最大利润为目标的生产者必将以最低成本的要素组合来进行生产。以我国纺织行业为例,在前些年劳务人员工资不断上涨,纺织品销售不甚乐观的形势下,不少企业纷纷采用选择更新自动化程度高的机器进行大投入,少用劳务人员减少开支的方法达到同等生产效益的目的;而遇到经济危机或者其他意外情况,工人工资普遍下降,不少生产者和企业又马上掉转方向,采用多用工人,减少更新先进机器设备的方法来维持生产和产量的平衡,以达到以最小的成本获得最大的产量。总之,生产者采用各种方法来达到平衡。对此,我们可以从生产者理论来分析这些企业的行为。

（一）从生产函数和成本函数分析

生产者是指生产企业或生产企业,也指能作出统一生产决策的单个经济单位。

1. 生产与生产要素

生产的含义从经济学的角度看,生产是指投入各种不同的生产要素以制成产品的过程,也就是把投入变成产品的过程。

生产要素经济资源是指生产过程所使用的各种资源。生产要素具体划分四类劳动、资本、土地和企业家才能。

2. 生产函数

（1）生产函数。生产函数是指在一定的技术水平条件下,一定时期内企业生产过程中所使用各种要素的数量与它们所能产生出的最大产量之间依存的函数关系。

（2）短期生产函数。短期是指企业不能根据他所要达到的产量来调整其全部生产要素的时期。短期生产函数是指在短期内所反映的投入产出关系。

（3）长期生产函数。长期生产函数是指在长期内所反映的投入产出关系。它可考察企业在调整所有生产要素投入情况下,要素投入和产出之间关系。

（二）从纺织行业生产者选购机器的趋势分析

近些年,在国内纺织行业劳动力工资普遍上涨及美元贬值、出口遭限的形势下,生产者陷入两难选择——纺织厂生产是多雇工人还是多买先进的自动化设备?

一般来说,纺织厂生产产品可以使用两种方法,即可以多雇工人进行密集型生产;也可以少雇工人多买先进自动化设备进行技术型生产。无论纺织厂采用什么方法都可以生产出相应的产品。作为纺织厂的管理者,要最终决定用什么方法进行生产。如果劳动力价值很低,而先进的自动化设备又很贵,企业会选择多雇工人少用资本;反过来,一个纺织厂的产量是即定的,而生产要素在一定时间内发生了非常大的变化,比如工人工资成本在提高了将近一倍,而且工人还不能保持稳定,这时候,明智的生产者肯定会采用少雇人多买或者更新自动化设备的方法来维持生产和产量。

比如:每小时劳动投入的边际产量是 10 个单位,而劳动对资本的边际技术替代率是 5。那么资本的边际产量是多少?

根据公式 $MRTS=-\Delta K/\Delta L=MP_L/MP_k$,可得资本的边际产量为 2 个单位。

结果说明:纺织厂生产是多雇工人还是多买更新先进的自动化设备,主要取决于在生产产品的过程中劳动和资本这两种生产要素的替代性。

近年纺织行业的艰难形势也更好地诠释了生产者行为的理论,纺织厂的产出不变,而生产要素在最近时期发生了非常大的变化,纺织行业的劳动成本近两三年在不断提高,以至不少纺织厂在美元贬值、出口遭限的内外交困形势下纷纷倒闭转产,坚持下来的也大都举步维艰、勉强维持。

在目前这样严峻的形势下,明智的企业大都采用少雇工人多买或更新先进的自动化设备的方法来维持生产和产量。以纺织厂的络筒工序为例:普通络筒机生产每台每班需挡车工人四名,而且工人劳动强度相当繁忙,从上班到下班手脚不停,除了开饭的时间没有休息的空暇,工人普遍喊累不迭。更换了先进的自动络筒机后,每名工人可以挡两台机器,而且有一大半时间都是仅用眼看机器不出故障即可,工人非常喜欢操作此类的机器。最重要的是节省开支:原来两台机器需用八名工人,人均工资按人均3000元/月,八人共需24000元/月,采用自动络筒后仅用一名工人,少用七人,每月可节省21000元开支,每年可节省252000元开支。照此算来,仅用四年就可收回购买新机的百万投资,以后每年就可多创造以上效益,如果再计四年中工资的不断上涨和工人的生老病死的费用,更可提前几年收回投资,创造效益。所以,明智的生产者肯定会采用少雇人多买或更新先进自动化设备的方法来维持生产和保持产量。

但是,在遇到经济危机或者其他重大突发事件时,全世界的经济形势急转直下,全球各国的经济形势不容乐观。我国的纺织行业尤其是对外贸易方面更是受到巨大冲击,一些出口型的中小型纺织企业由于国外市场的萎缩而纷纷破产倒闭,造成了这个行业的整体不景气,特别是在工厂用工问题上尤其显著,不少技术工人流失严重。在工人工资普遍下降的形势下,一些敏感的生产者和企业马上掉转方向采用多用工人,减少更新先进机器设备的方法来维持生产和产量的平衡,以达到以最小的成本获得最大的产量。

因此,这样就印证生产者行为理论中:在生产要素价格、生产技术和其他条件不变的情况下,当生产的成本或产量发生变化时,企业必然选择最优的生产要素组合,从而实现既定成本条件下的最大产量,或实现既定产量条件下的成本最小。如果产量目标既定,要使成本达到最小,在能够达到既定产量水平的各种生产要素组合中,生产者必须选择其有最低成本的那种组合。

（三）生产者行为理论引导纺织机型的选择

通过对生产者行为理论的探析可知：生产者在即定的产量之下如何实现成本最低，以及企业或企业对于成本投资如何作出正确的选择，从而可以更好地指导他们在商海中驰骋和决策。理智的企业当劳务工资高时，采用选择更新自动化程度高的机器，少用劳务人员，来减少开支；当劳务工资低时，则采用多用劳务人员，少购买更新自动化程度高的机器，减少投入成本的方法，达到同等生产效益的目的，实现成本与收益保持平衡。

生产者行为理论要说明的问题是，一个以追求最大利润为目标的生产者必将以最低成本的要素组合即最优的生产要素组合来进行生产。在生产规模一定时，可以通过添置和更新先进的机器设备来提高生产效率，也可增加劳务人员提高劳动技能来提高生产效率，这样还有利于实现资源的综合开发和利用，使生产要素的效率得到充分发挥。

在生产者的资源与生产要素价格既定的条件下，为了达到相同的产量，在增加一种生产要素时，就必须减少另一种生产要素，这就是说增加一种生产要素所增加的产量恰恰弥补了因另一种生产要素的减少而损失的产量，这就是生产者追求利润最大化的行为，因此，生产者行为理论必将影响纺织机型选择。

我们通过上述纺织行业的投入成本与收益理论，也就是在既定的产量之下如何实现成本最小及生产要素价格构成的成本问题。印证了生产理论可分析生产者行为。同时我们在研究生产者行为时，还要研究生产者这些具有完全理性的经济人，以及他们的生产目的是实现利润最大化。

二、基于生产者行为理论分析保障短缺基本药物的生产供应政策

国家为了满足人民群众的基本健康需求而建立的药品目录，其中绝大部分是常用的廉价优质药。但是，近年来部分优质基本药物在市场上的存货量不足，特别是一些临床必需的基本药物发生短缺现象，给医生和患者带来了很大不便。

针对这一问题，国家相关部门出台了系列改善政策，虽然在一定程度上缓解了问题的严重性，但是基本药物的短缺是由多种因素共同作用的结果，解决基本药物短缺不可能一蹴而就，需要在深入分析其内在原因的基础上不断调整政策措施，最终达到缓解短缺问题的平衡点。

造成基本药物短缺的因素很多，诸如基本药物目录的不健全，价格的不合理，

药品流通企业和医院不经营、不购买基本药物,以及医生的不处方行为等。此外,还有一个重要问题不容忽视,那就是基本药物的无厂家生产问题。我们从基本药物的市场特点入手,以生产者行为理论为基础,从经济学的角度分析部分基本药物无厂家生产的内在原因。

(一)基本药物的市场特点

基本药物制度是我国深化医药卫生体制改革的重要组成部分。基本药物与一般药物不同,其市场受到政府行为的直接影响。

首先在定价方面,国家发改委公布全国基层医疗机构的基本药物平均采购价格和最高零售价,各省物价与卫生部门负责制定本省的基本药物指导价,生产企业必须在满足不超过指导价的前提之下参与招标;各省卫生行政部门制定经济技术标书,以此为质量门槛筛选生产企业,药品招采部门采用双信封模式进行招标确定生产厂家,生产企业以招标价格为药品零差价向医疗机构供货。采购方面,则采取从基层医疗机构到区(县、市)级采购部门,最终上报至省级招采部门的层层上报制度,由省级招采部门确定基本药物采购的具体剂型、规格、质量要求和采购数量,生产企业以此为准直接向各医疗机构供货,并向招采部门备案。此外,结算程序中也由招采部门参与并监督,在确认医疗机构药品验收完成后,由招采中心的结算系统向受委托银行请求付款。

因此,无论是价格、需求还是结算,基本药物均在很大程度上受政府调控,从某种意义上说,基本药物市场是一个受政府推动的市场。

(二)基本药物生产者行为理论分析

基本药物的市场具有其特殊性,但是基本药物生产企业的逐利本质是不变的。作为理性经济人的基本药物生产企业,其目的是追求利润的最大化。根据生产者行为理论的基本观点,企业的生产经济行为是根据生产函数、成本和市场需求来确定合理的生产投入和最优要素组合的,直观表现为追求产品销售量、产品价格的最大化和总成本的最小化。

多种基本药物和各省增补品种的价格与销量在一定程度上受到政府部门的调控。通过招标确定的供货价格和需求量并非一成不变,招采部门将根据基本药物的质量、成本、配送率等对价格和采购量进行动态调整,一方面促进企业积极生产供应基本药物,另一方面可以将基本药物的价格调整到更为合理的水平;而生产企业则相对被动,只有根据政府的决策、采购行为调整自己的选择,更为重要的是,基本药物作为一种准公共产品,一定程度上决定了其"薄利"性,企业如何在"薄利"性和自身的"逐利"性之间平衡,是现阶段比较突出的矛盾,而解决这一矛盾最有效的方式是谋求政策倾斜和政府信任,这与一般企业的营销行为有本质区别。因此,在生产者行为理论基础上,从经济学角度和影响基本药物生产的政策因素角度来分析企业生产行为具有重要现实意义。

(三)基本药物生产短缺的影响因素分析

目前市场上生产企业积极性不高,导致临床短缺的基本药物主要有三种:一是生产成本高,原将药物存在可获得性障碍的基本药物;二是药价低于合理水平,甚至存在成本价格倒挂的基本药物;三是市场需求不足的药物。基本药物生产短缺的原因与生产者行为理论的观点基本一致。因此,下面主要从成本、价格与销量(市场需求)三个方面来分析基本药物生产短缺的原因。

1. 成本与价格因素

(1)原料药市场的政策管制无针对性,部分基本药物生产成本攀升。

首先,某些原料药的寡头生产企业的恶意抬价导致了部门原料药的严重短缺,继而形成垄断,造成原料药价格明显高出合理水平。与此同时,由于寡头企业的生产能力不足,无法满足基本药物制剂的原料药需求,最终导致部分药品停产。

其次,部分基本药物特别是中成药的原料药价格不稳定。近些年,相当一部分中成药经历暴涨、暴跌,但总体趋势是不断攀升的,这在一定程度上增加了部分基本药物的生产成本。

(2)"双信封"经济技术标评审体系不完善导致部分药品价值"虚低"。

基本药物作为保障人民基本健康需求的药品,一方面必须安全有效,另一方面需要价格低廉,群众可支付。因此,近年来国家致力于降低基本药装的价格是无可厚非的。但是,部分基本药物价格却降到了成本价以下,这种不合理现象与我国基本药物招标采购制度有关。

以基本药物的主要招标采购模式——"双信封"制度为例,其初衷是为了保障基本药物的优质优价,但实际上由于我国地域性差异和生产企业的多样化,技术标的评判体系在短时间内无法成熟。某些省份的双信封技术标门槛较低,导致主要是商务标的竞争;然而,伴随着我国医药行业长期存在同质化生产的情况,恶性压价难以避免,造成了部分基本药物价格虚低的现象。

2. 市场需求因素

市场需求不足的基本药物主要有两类,一类是临床绝对用量小的药品(例如急救药、抗疟药等)在分省分割后,采购量会更小。对于这种情况,生产企业由于生产利润低、招标成本高、组织生产不经济等原因,往往放弃该品种生产,不参与投标,造成这些基本药物品种供应不及时、供应量不足或暂时短缺。直接影响了基本药物的可及性。越来越多的企业因"品种采购量太小,企业组织生产不经济"不参加投标。针对这种绝对用量小的药品短缺问题,可以根据《关于开展用量小临床必需的基本药物品种定点生产试点的通知》中所提出的解决方式,对其进行定点生产。另一类是一些临床常用却因价格低廉而发生短缺的药品,这是我们研究的重点,其市场需求不足的原因主要有以下几个方面。

(1)基层医疗机构的基本药物使用量打折扣。

基层医疗机构要求全部配备和优先使用基本药物,这在一定程度上促进了基本药物的市场需求增长,但根据华东地区的一项调研显示,国家基本药物制度实施以后,307 种国家基本药物在基层医疗机构的使用比例只有 40% 甚至更低。这主要是因为基层医疗机构的硬件设施和人员条件与二、三级医院还存在差距,医护人员从业积极性不高,不少患者仍然倾向于到大医院就医;另外,由于缺少明确的奖惩机制,比如没有提出不配备基本药物的基层医疗机构将会受到何种处罚,对积极使用基本药物的医师或医疗机构没有相应的奖励政策,这在一定程度上无法真正督促基层医疗机构优先使用基本药物。

(2)"以药补医"机制阻碍基本药物在医院的使用。

医院主导着我国大部分的药品市场,哪种基本药物不被医院使用,就会在很大程度上失去市场需求。受我国长期以来的医疗机构"以药补医"机制影响,廉价的基本药物往往不受医院和医生的青睐,有数据显示,二、三级医院的基本药物使用品种数不足总数的 10%,金额则仅为 5% 左右。更有生产企业将廉价基本药物"改头换面"以新药报批,质量或药效并没有改变,价格却更高,反而更为医院欢迎,继而冲击了基本药物在医院的使用市场。在缺乏市场份额的情况下,生产企业最终只有放弃生产廉价基本药物。

(四)保证基本药物生产供应的建议

1.规范原料药市场,定点生产稀缺原料药

加大对基本药物原料药市场的监管力度,特别是一些原料药寡头企业,保证其生产的基本药物原料药价格合理、质量合格,对一些恶意哄抬原料药价格的不法企业给予严厉惩处,及时掌握可能发生原料药紧缺的信息,对因生产能力不足而无力生产原料药的寡头企业给予政策支持和资金补助。此外,可参照《关于开展用量

小、临床必需的基本药物品种定点生产试点的通知》,遴选一部分品牌好、质量优、产能有保障的优秀大型原料药生产企业,对市场上长期稀缺的原料药进行定点生产、统一配送,保证基本药物原料药的可获得性。

2.细化并完善"双信封"经济技术标评价体系

扭转目前招标采购中低价药过多的现象,使基本药物价格回归到合理水平,应细化并完善"双信封"制度中的经济技术标评价体系,借鉴国内外较先进的指标体系,广泛调研并听取各界意见,因地制宜地遴选评价指标,建立细化科学的评分模式,保证赋予合理的药品质量权重,遴选和淘汰药品质量偏低的投标企业,鼓励企业将价格竞争转为质量、品牌的竞争,真正体现"质量优先"的基本药物政策原则。

3.采取切实措施,鼓励患者到基层医疗机构就医

基层医疗机构作为基本药物的主要使用机构,也是现阶段保障基本药物市场的关键。因此,有必要增加对基层医疗机构的财政投入,更新医疗设备,提高员工福利,吸引高素质医护人员到基层从业,缩小与二、三级医院的差距,鼓励"专家轮岗"制度的施行,采用医护专家进基层的方式,提高基层医疗机构的医疗服务质量。此外,应设立奖惩机制来提高基层医疗机构、医师对基本药物使用的积极性,使基层医疗机构真正成为保障基本药物市场的保险杠。最后,加大宣传,扭转人们对基层医疗机构的误解,使"大病进医院,小病进社区"的政策落到实处。

4.降低"以药补医"机制对基本药物市场的不利影响

"以药补医"是医院未能真正落实基本药物的重要因素。国务院早在《"十二五"期间深化医药卫生体制改革规划暨实施方案》中已明确提出,将逐步取消医院的药品加成,缓解"以药补医"的现象,但"以药补医"是我国医疗机构长期存在的运营模式,应首先完善医疗机构的补偿和药事服务费等措施,在保证医疗机构正常运行的前提下,才能取消药品加成。缓解"以药补医"现象仍然需要相当长的一段时间。因此,现阶段可考虑:一是推动医疗保险制度建设,贯彻落实基本药物高报销率的政策,尝试取消乙类医保目录中基本药物的起付线,设定最高报销额度;二是因地制宜地规定大医院对基本药物的使用比例和金额,将合理用药水平纳入医生绩效的评价标准;三是加快推进总额预付、按人头或病种付费机制改革,增强医疗机构使用廉价药物的内在动力。

生产企业追求的是利润最大化,生产成本、价格和市场需求支配着企业的生产行为,为保障基本药物的生产供应,应从这三方面进行综合考虑。在现阶段,重点是规范原料药市场,完善经济技术标评价体系,保证基本药物的市场需求,从基本

药物的销售主体即医院和基层医疗机构入手,加大改革力度,确保基本药物的"量价挂钩",坚持以"薄利多销"的方式促进基本药物的生产供应。

第六章 成本理论及其应用

第一节 成本理论

一、成本的含义

成本理论基于生产者理论,主要讨论企业的生产成本与生产要素投入量之间的关系。企业的生产成本通常被看成是企业对所购买的生产要素的货币支出(表6-1)。

表6-1 一张假设的企业生产经营成本表
(单位:万元)

成本名称	成本数额
原材料费用	30
燃料动力费用	15
工资	50
折旧费	5
利息支付	15
租金	5
保险费	2
行政经费	5
排污费	1
销售成本	2
合计	130

表6-1是一张假设的某企业在某个月中生产某产品所发生的成本支出。支出项目和支出金额也都是假设的。在现实生活中,成本支出项目远远不止这些。从这张表中可以看出,企业在生产经营中发生的成本大体上可以分为两类:变动成本和固定成本。表中的原材料费用、燃料动力费用会随产量的变动而变动,因而被

称为变动成本。表中的折旧费、利息支付、保险费、行政经费、排污费、租金之类,在一定业务量范围内,只要企业正常经营,就会支出,与产量或业务量的变动无关,属于相对固定的费用支出,因此被称为固定成本。而对于工资这个成本项目而言,它既含有固定成本,也含有变动成本。比如,如果工人的工资是计件工资,那么普通工人的人数或工作时间会算着产量的大小而变化,相应的工资就是变动成本;但如果是工程师或会计师,他们的人数或工作时间与产量没有关系,因而相应的工资就是固定成本。

上述这些成本支出,都会记录在会计账目上,也称为会计成本。然而,西方经济学家指出,在经济学的分析中,仅仅从这样的角度来理解成本概念是不够的。为此,他们提出了机会成本的概念以及显成本和隐成本的概念。

(一)机会成本

当一个社会或一家企业用一定的经济资源生产一定数量的一种或几种产品时,这些经济资源就不能同时被使用在其他的生产用途方面,也就是说,这个社会或企业要获得一定数量的产品收入,就必须要放弃用同样的经济资源来生产其他产品时所能获得的收入作为代价。这就产生了机会成本的概念。生产一单位的某种商品的机会成本是指生产者所放弃的使用相同的生产要素在其他生产用途中所能得到的最高收入。比如同一批钢材,或者可以用来生产1辆小汽车,价值30万元;或者可以用来生产10辆摩托车,价值20万元;或者还可以用来生产10万颗螺丝钉,价值5万元。如果选择生产小汽车,那么生产小汽车的机会成本就是20万元;如果选择生产摩托车,那么生产摩托车的机会成本就是30万元;如果选择生产螺丝钉,那么生产螺丝钉的机会成本也是30万元。利用机会成本概念进行经济分析的前提条件是:第一,资源是稀缺的;第二,资源具有多种用途。例如,一种生产要素既可用来生产大炮,也可用来生产黄油,因为资源有限,所以增加大炮产量的同时,就必须要减少黄油的产量;反之亦然,由此就会产生机会成本的问题。

理解机会成本时要注意的几个问题:首先,机会成本不等于实际成本。它不是做出某项选择时实际支付的费用或损失,而是一种观念上的成本或损失。其次,机会成本是做出一种选择时所放弃的其他若干种可能的选择中最好的一种。从机会成本的角度考虑问题,要求我们能把每种生产要素用在取得最佳经济效益的用途上,做到物尽其用、人尽其才,否则,所损失的潜在收益将会超过所取得的现实收益,所以,我们做出任何决策时都要使收益大于或至少等于机会成本。如果机会成本大于收益,则这项决策从经济学的观点来看就是不合理的。

（二）显成本和隐成本

企业的生产成本可以分为显成本和隐成本两部分。

企业生产的显成本是指企业在生产要素市场上购买或租用他人所拥有的生产要素的实际支出，包括企业支付所雇佣的管理人员和工人的工资，所借贷资金的利息，租借土地、厂房的租金以及用于购买原材料或机器设备、工具和支付交通能源费用等支出的总额，即企业对投入要素的全部货币支付。从机会成本角度讲，这笔支出的总价格必须等于相同的生产要素用做其他用途时所能得到的最大收入，否则企业就不能购买或租用这些生产要素并保持对它们的使用权。

企业生产的隐成本是指企业本身所拥有的且被用于该企业生产过程的那些生产要素所应支付的总价格。例如企业将自有的房屋建筑作为厂房，将自有的资金投入了生产，并亲自管理企业。西方经济学认为既然租用他人的房屋需要支付租金，那么当使用企业的自有房屋时，也应支付这笔租金，所不同的是这时企业是向自己支付租金。

从机会成本的角度看，隐成本必须按照企业自有生产要素在其他最佳用途中所能得到的收入来支付，否则，企业就会把自有生产要素转移到其他用途上，以获得更多的报酬。企业所有的显成本和隐成本之和构成总成本。

除了以上几种成本概念之外，还有许多不同的成本概念。例如，生产领域中发生的成本称为生产成本，销售领域发生的成本称为销售成本，支付给固定要素的成本称固定成本，支付给变动要素的成本叫变动成本，每单位产品生产中耗费的成本叫平均成本，每增加一单位产品所增加的成本叫边际成本，等等，这些概念在下面会进一步说明。

（三）利润

经济学中的利润概念是指经济利润，即等于总收入减去总成本的差额。而总成本既包括显成本也包括隐成本。企业所追求的最大利润，指的就是最大的经济利润。

在西方经济学中，还需区别经济利润和正常利润。正常利润通常指企业对自己所提供的企业家才能的报酬支付。需要强调的是，正常利润是企业生产成本的一部分，它是以隐成本计入成本的。从机会成本的角度来看，企业家面临两种选择，一是自己经营管理自己的企业；二是请人来经营管理自己的企业，自己到其他企业去从事经营管理活动。如果他到其他企业从事经营管理活动，则可以获得相应的报酬;而如果他在自己的企业从事经营管理活动,就会失去到其他企业从事经营管理活动的报酬,这就是他在自己的企业从事经营管理活动的机会成本。所以,从机会成本的角度来看,正常利润属于成本,并且属于隐成本。

由于企业的经济利润等于总收入减去总成本,而企业对自己支付的报酬是计入隐成本中去的,是总成本之一,因此,当企业的经济利润为零时,企业仍然可以得到全部的正常利润。

二、短期成本和短期成本曲线

(一)短期成本的分类

在短期内,企业的成本可以分为以下七类。

1.总不变成本

总不变成本(TFC)是指企业在短期内生产一定数量的产品对不变生产要素所支付的总成本。这部分成本不随产量的变化而变化。其一般包括厂房和资本设备的折旧费、地租、利息、财产税、广告费、保险费等项目支出。即使在企业停产的情况下,企业也必须支付这些费用;而产量增加时,这部分支出仍然不变,因此总不变成本曲线为一同水平线,如图6-1(a)所示。

2.总可变成本

总可变成本(TVC)是指企业在短期内生产一定数量的产品对可变生产要素支付的成本。它随产量的变化而变化:当产量为0时,变动成本也为0;产量越多,变动成本也越多。例如:原材料、燃料、动力支出、雇佣工人的工资等。因此总可变成本曲线是一条从原点开始不断向右上方上升的曲线,如图6-2所示。TVC曲线的变动规律为:生产初期,总可变成本TVC随着产量增加先以递减的速率上升,到一定阶段后转为以递增的速率上升,如图6-1(b)所示。

3.总成本

总成本(TC)是指企业在短期内生产一定数量的产品对全部生产要素所支出的总成本。它是总固定成本与总变动成本之和。由于总可变成本TVC是产量的函数,因此总成本TC也是产量的函数。用公式表示为:

$$TC(Q) = TFC + TVC(Q)$$

TC曲线与TVC曲线形状完全相同,都是先以递减的速率上升,再以递增的速率上升,如图6-1(c)所示。总成本、总固定成本、总可变成本的线形状及相互关系还可以用图 6-2 说明。在图 6-2 中,TFC 是一条水平线,表明 TFC 与产量无关。TVC 与 TC 曲线形状完全相同,都是先以递减的速率上升,再以递增的速率上升。不同的是 TVC 的起点是原点,而 TC 的起点是 TFC 曲线与纵坐标的交点。这是因为总成本是由总固定成本和总变动成本加总而成的,而总固定成本是一个常数,所以任一产量水平的 TC 与 TVC 之间的距离均为 TFC。

4. 平均不变成本

平均不变成本(AFC)是指企业短期内平均生产每一单位产品所消耗的不变成本。其公式为:

$$AFC(Q) = \frac{TFC}{O}$$

从图 6-1 (d)中可以看到,平均不变成本 AFC 曲线随产量的增加一直呈下降趋势,这是因为短期中总固定成本保持不变。由 $AFC(Q) = \frac{TFC}{O}$ 可知,随着产量 Q 的增加,平均固定成本递减,但平均不变成本 *AFC* 曲线不会与横坐标相交,这是因为短期中总固定成本不会为零。

5. 平均可变成本

平均可变成本(AVC)是指企业短期内平均生产每一单位产品所消耗的总可变成本。其公式为:

$$AVC(Q) = \frac{TVC}{Q}$$

平均可变成本 AVC 曲线的变动规律是平均可变成本在生产初期随着产量增加而不断下降,产量增加到一定量时,AVC 达到最低点,而后随着产量继续增加,平均可变成本 AVC 开始上升,如图 6-1(e)所示。

6. 平均总成本

平均总成本(AC)是指企业短期内平均生产每一单位产品所消耗的全部成本。其公式为:

$$AC(Q) = \frac{TC(Q)}{Q} = AFC(Q) + AV(Q)$$

上式说明平均成本由平均固定成本和平均变动成本构成。

平均总成本 AC 曲线的变动规律为:在生产初期,随着产量的增加,平均总成本 AC 不断下降,产量增加到一定量时,平均总成本 AC 曲线达到最低点,而后随着产量的继续增加,AC 曲线开始上升,如图 6-1 (f)所示。

7.边际成本

边际成本(MC)是指企业在短期内增加一单位产量所引起的总成本的增加。其公式为:

$$MC(Q) = \frac{\triangle TC(Q)}{\triangle Q}$$

边际成本曲线的变动规律是,MC 随着产量的增加,初期迅速下降,很快降至最低点,而后迅速上升,上升的速度快于 AVC 曲线和 AC 曲线。MC 曲线的最低点在 TC 曲线由递减上升转人递增上升的拐点的产量上,如图 6-1(g)所示。

由于 TC(Q) = TFC+ TVC(Q),而 TFC 始终不变,因此 MC 的变动与 TFC 无关,边际成本 MC 实际上还可以等于增加单位产量所增加的可变成本的值,即

$$MC(Q) = \frac{dTC}{dQ} = \frac{dTVC}{dQ}$$

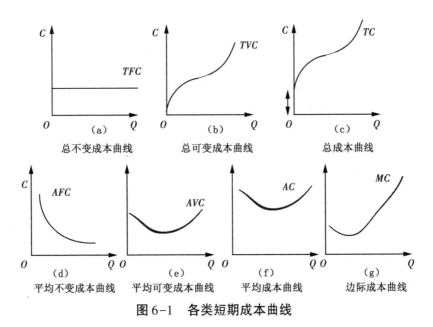

图 6-1　各类短期成本曲线

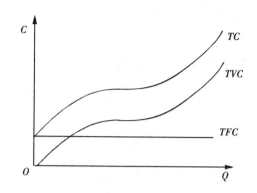

6-2　总成本、总固定成本和总变动成本曲线

（二）短期成本曲线的综合图

以上七个成本概念的曲线以及它们之间的关系,如图6-3所示。通过短期成本曲线的综合图,我们可以知道曲线相互间的关系

1. TC 曲线、TVC 曲线和 TFC 曲线

TFC 曲线是一条水平线,因为总不变成本 TFC 与产量无关。TVC 曲线与 TC 曲线形状完全相同,都是先以递减的速度上升,再以递增的速度上升。如图6-3所示,B 点和 C 点分别是 TC 曲线与 TVC 曲线的拐点。不同的是 TVC 的起点是原点,而 TC 的起点是 TFC 与纵坐标的交点。这是因为总成本是由总固定成本和总变动成本加总而成的,而总固定成本是一个常数,所以任一产量水平上的 TC 与 TVC 之间的距离均为 TFC 的值。

2. TC 曲线和 AC 曲线,TVC 曲线和 AVC 曲线

由 TC 曲线可以推导出 AC 曲线,因为 $AC(Q)=\dfrac{TC(Q)}{Q}$,所以总成本 TC 曲线上某一点的平均成本值 AC 就正好等于该点和原点连线的斜率。要确定平均成本 AC 曲线的最低点,只需要从原点引一条射线与 TC 曲线相切,如图6-3所示,在切点 E 对应的产量水平上,平均总成本达到最低,也就是说 AC 曲线达到最低点。

同理,由 TVC 曲线可以推导出 AVC 曲线,因为 $AC(Q)=\dfrac{TC(Q)}{Q}$,所以总可变成本 TVC 曲线上某一点的平均可变成本值 AVC 就正好等于该点和原点连线的斜率。要确定平均可变成本 AVC 曲线的最低点,只需要从原点引一条射线与 TVC

曲线相切,如图 6-3 所示,在切点 G 所对应的产量水平上,平均可变成本达到最低,即 AVC 曲线达到最低点。

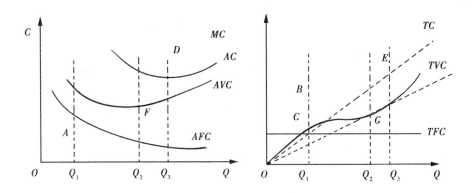

图 6-3　短期生产成本曲线综合图

3. TC 曲线、TVC 曲线和 MC 曲线

由公式 $MC(Q) = \dfrac{dTC}{dQ} = \dfrac{dTVC}{dQ}$ 可知,总成本 TC 曲线上某一点的切线的斜率正好等于该产量水平上的边际成本 MC 值,总可变成本 TVC 曲线上某一点的切线斜率也正好等于该产量水平上的边际成本 MC 值。因此,总成本 TC 曲线上的拐点 B 点和总可变成本 TVC 曲线上的拐点 C 点正好处于同一产量水平上,同时,在此产量水平上,必然会出现边际成本最小值,也就是说 MC 曲线正好处于最低点 A 点。

4. AC 曲线、AVC 曲线和 MC 曲线

当从原点出发的射线与 TC 曲线相切于 E 点时,AC 曲线达到最低点 D 点,此时,射线的斜率值正好等于平均成本的最小值。同时,因为这条射线还与 TC 曲线相切,因此射线的斜率值正好还等于该产量水平上的边际成本值,因此,在该产量水平上,MC 值正好等于平均成本 AC 的最小值,也就是说 MC 曲线正好和 AC 曲线相交于 AC 曲线的最低点 D 点处。同理,当从原点出发的射线与 TVC 曲线相切于 G 点时,AVC 曲线达到最低点 F 点,此时,射线的斜率值正好等于平均可变成本 AVC 的最小值。同时,因为这条射线还与 TVC 曲线相切,因此射线的斜率值正好还等于该产量水平上的边际成本 MC 值,因此,在该产量水平上,MC 值正好等于平均成本 AVC 的最小值,也就是说 MC 曲线正好和 AVC 曲线相交于 AVC 曲线的最低点 F 点。

总之,边际成本 MC 曲线和平均总成本 AC 曲线,平均总可变成本 AVC 曲线相较于各自的最低点。

5. AC 曲线、AVC 曲线和 AFC 曲线

AC 曲线和 AVC 曲线都是 U 形,说明 AC 与 AVC 的变动规律相同,但它们有两点不同需特别注意:

第一,AC 定在 AVC 的上方,两者的差别在于两者的垂直距离永远等于 AFC 的值。当 Q 无穷大时,AC 与 AVC 无限接近,但永不重合,不相交。

第二,AC 与 AVC 最低点不在同一个产量上,而是 AC 最低点对应的产量较大。即 AVC 已经达到最低点并开始上升时,AC 仍在继续下降,原因在于 AFC 是不断下降的。只要 AVC 上升的数量小于 AFC 下降的数量,AC 就仍在下降。

6. TFC 曲线和 AFC 曲线

由 TFC 曲线可以推导出 AFC 曲线,由于 $AFC(Q) = \dfrac{TFC}{Q}$,TFC 值是固定不变的,TFC 曲线是一条水平直线,但是 AFC 值会随着 Q 的增加而递减,因此,AFC 曲线是一条向右下方倾斜的曲线。

MC 曲线的 U 形特征表现了边际成本 MC 随着产量增加先递减后递增的特点。这一特点是由前面我们所讲到的边际报酬递减规律所决定的。边际报酬递减规律是指在短期生产过程中,在其他条件不变的前提下,随着一种可变要素投入量的连续增加,它所带来的边际产量先是递增的,达到最大值以后再递减。边际报酬递减规律的作用也可以通过以下的形式表现出来:在其他条件不变时,尤其是不变要素投入量和要素价格不变时,当产量由零开始不断增加时,起初由于可变要素投入量相对不变,要素投入量是较少的,因此,增加可变要素的投入量会提高生产效率,边际成本是递减的。但当可变要素的投入量增加到最佳比例以后,再继续增加可变要素投入量,就会降低生产效率,边际成本是递增的。也就是说,短期生产丽数和短期成本函数之间存在着某种对应关系,具体表现为:边际报酬的递增阶段对应的是边际成本的递减阶段,边际报酬的递减阶段对应的是边际成本的递增阶段,与边际报酬的极大值相对应的是边际成本的极小值。正因为如此,MC 曲线表现出先降后升的 U 形特征。

(三)平均成本曲线和边际成本曲线的几何画法

由总成本曲线(TFC 曲线、TVC 曲线和 TC 曲线)出发,可以用几何方法推导

出相应的平均成本曲线(即 AFC 曲线、AVC 曲线和 AC 曲线)和边际成本曲线(MC 曲线)。

1. 由 TFC 曲线推导出 AFC 曲线

如图 6-4 所示,因为 $AFC(Q) = \dfrac{TFC}{Q}$,所以,任何产量水平上的 AFC 值都可以由连结原点到 TFC 曲线上相应点的线段的斜率给出。在图 6-4(a)中,产量水平 Q_1 上的 AFC 值可由线段 O_a 的斜率给出,即 $AFC_1 = \dfrac{aQ_1}{OQ_1}$。同样地,在产量水平 Q_2,有 $AFC_2 = \dfrac{aQ_2}{OQ_2}$;在产量水平 Q_3,有 $AFC_3 = \dfrac{aQ_3}{OQ_3}$。由于总不变成本是固定的,即 $aQ_1 = bQ_2 = cQ_3$,而产量 $OQ_1 < OQ_2 < OQ_3$,因此,$AFC_1 > AFC_2 > AFC_3$。这说明,随着产量水平的增加,平均不变成本 AFC 是减少的。图 6-4(b)是根据图 6-4(a)绘制的相应的 AFC 曲线,图中 $a'Q_1$、$b'Q_2$、$c'Q_3$ 分别代表 AFC_1、AFC_2、AFC_3。

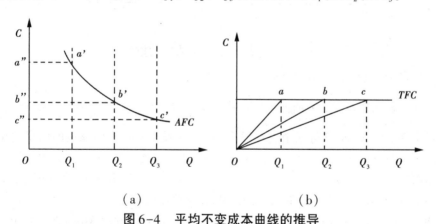

（a）　　　　　　　　　　（b）

图 6-4　平均不变成本曲线的推导

2. 由 TVC 曲线推导 AVC 曲线

如图 6-5 所示。因为 $AVC(Q) = \dfrac{TVC(Q)}{Q}$,所以,在任何产量水平上的 AVC 值都可以由连结原点到 TVC 曲线上的相应的点的线段的斜率给出。在图 6-5(a)中,产量水平 Q_1、Q_2 和 Q_3 上的 AVC 值分别由直线 O_a、O_b 和 O_c 的斜率给出。其中,在 Q_2 的产量上,直线 O_b 与 TVC 曲线相切于 b 点。这说明:随着产量不断增加,连结原点到 TVC 曲线上相应点的线段的斜率在 b 点之前是递减的,在 b 点之后是递增的,而在 b 点是最小的。或者说,随着产量的不断增加,AVC 值先是递减的,在达到最小值以后再递增。图 6-5(b)是根据图 6-5(a) 绘制的 AVC 曲线。图 6-5(b)中的 $a'Q_1$、$b'Q_2$、$c'Q_3$ 值分别等于图 6-5(a) 中的直线 O_a、O_b、O_c 的斜率,它们分别表示生产 Q_1、Q_2 和 Q_3 产量时的平均可变成本 AVC。图 6-5(b)中的 AVC 曲线呈现出先降后升的 U 形,在 b' 点达到最小值。图 6-5(a)中的 TVC 曲线上的 b 点和图 6-5(b)中的 AVC 曲线上的最低点 b' 是相对应的。

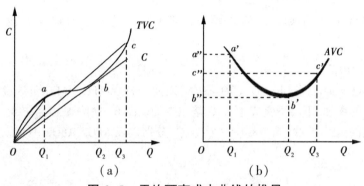

图 6-5　平均可变成本曲线的推导

3. 由 TC 曲线推导 AC 曲线

如图 6-6 所示,与上面推导 AVC 曲线类似,因为 $\mathrm{AC}(Q) = \dfrac{\mathrm{TC}(Q)}{Q}$,所以任何产量水平上的 AC 值都可以由连结原点到 TC 曲线上相应点的线段的斜率给出。在图 6-6(a)中,在产量水平 Q_1、Q_2 和 Q_3 上的 AC 值顺次由线段 O_a、O_b 和 O_c 的斜率给出,TC 曲线在 b 点有一条由原点出发的切线。这表明,随着产量的不断增加,连结原点和 TC 曲线上的点的线段的斜率,在 b 点之前是递减的,在 b 点之后是递增的,在 b 点达到最小值。图 6-6(b)是根据图 6-6(a)绘制的 AC 曲线。图(b)中的 $a'Q_1$、$b'Q_2$、$c'Q_3$ 值分别等于图 6-6(a) 中的直线 O_a、O_b、O_c 的斜率,它们分别表示生产 Q_1、Q_2 和 Q_3 产量时的平均成本 AC。与此相对应,在图 6-6(b)中,AC 曲线呈先降后升的 U 形,该曲线在 b' 点达到最小值。图 6-6(a)中的 TC 曲线上的 b 点与图(b)中的 AC 曲线的最低点 b' 是对应的。

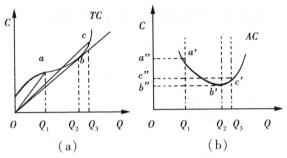

图 6-6　平均总成本曲线的推导

4. 由 TC 曲线和 TVC 曲线推导 MC 曲线

如图 6-7 所示。前面已经指出，因为 $MC(Q)=\dfrac{\mathrm{d}TC}{\mathrm{d}Q}=\dfrac{\mathrm{d}TVC}{\mathrm{d}Q}$ 所以，任何产量水平上的 MC 值既可由 TC 曲线又可以由 TVC 曲线上相应的点的斜率给出。由图 6-7(a) 中 TC 曲线和 TVC 曲线的斜率都是先降后升，可得图 6-7(b) 中的相应的 U 形的 MC 曲线，而且图 6-7(a) 中的 TC 曲线和 TVC 曲线上的拐点 a 和 a' 点，与图 6-7(b) 中的 MC 曲线的最低点 a'' 点是对应的。

此外，在图 6-7(a) 中，从原点出发有一条射线正好与 TVC 曲线相切于 b 点，对应的产量水平为 Q_2，这说明，在 Q_2 的产量水平上的 AVC 值（即 $\dfrac{bQ}{OQ}$ 正好等于相应的 MC 值（即 $b'Q_2$）。由此可推知，图 6-7(b) 中的 b' 必是 MC 曲线和 AVC 曲线的相交点。类似地，与图 6-7(a) 中 TC 曲线上的 c 点相对应，图 6-7(b) 中的 MC 曲线上的 c' 点也必定是 MC 曲线和 AC 曲线的相交点。

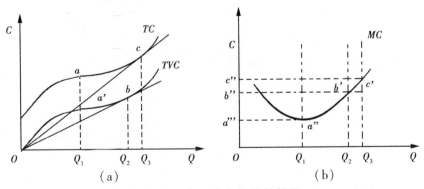

图 6-7　边际成本曲线的推导

（四）短期产量曲线与短期成本曲线之间的关系

1. 短期总产量和短期总成本

短期总成本函数可以由短期总产量函数推导而来。因为已知短期生产函数为 $Q=f(L,\bar{K})$，若对其求反函数，则 L 是 Q 的函数，即 $L=L(Q)$。又已知短期总成本等于可变成本与固定成本之和，假设不变要素 K 的价格为 r，可变要素 L 的价格为 w，则有短期成本函数为 $STC(Q) = TVC + TFC = w \cdot L(Q) + r \cdot \bar{K}$，如果以 $\Phi(Q)$ 表示可变成本 $w \cdot L(Q)$，b 表示固定成本 $w \cdot L(Q)$，则有：

$$STC(Q) = \Phi(Q) + b$$

短期总成本曲线可以由短期总产量曲线推导出来，如图 6-8 所示。在前面所讨论的短期总产量曲线 TPL 上，找到与每一产量水平相应的可变要素的投入量 L，再用所得到的 L 乘以已知的劳动价格 w，便可得到每一产量水平上的可变成本。将这种产量与可变成本的对应关系描绘在相应的平面坐标图中，即可得到短期可变成本 TVC 曲线；短期可变成本 TVC 曲线往上垂直平移 $r \cdot \bar{K}$ 个单位，即可得到短期总成本 TC 曲线。

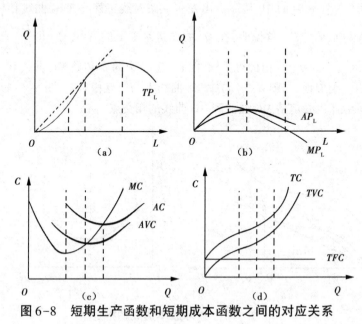

图 6-8　短期生产函数和短期成本函数之间的对应关系

2. 边际产量与边际成本

如前所述,在边际报酬递减规律作用下的短期边际产量和短期边际成本之间存在着一定的对应关系,即在短期生产中,边际产量的递增阶段对应的是边际成本的递减阶段,边际产量的递减阶段对应的是边际成本的递增阶段,与边际产量的最大值相对应的是边际成本的最小值。

由 MC 的定义得:

$$MC = \frac{dTC}{dQ} = \frac{d[w \cdot LQ + R \cdot \overline{K}]}{dQ} = w \cdot \frac{dL(Q)}{dQ} + 0$$

又因为:

$$MP_L = \frac{dQ}{dLQ}$$

所以:

$$MC = w \cdot \frac{1}{MP_L}$$

从上式中可看出,生产函数与成本函数存在对应关系,即 MC 与 MP_L 成反比关系,二者的变动方向相反。当 MP_L 曲线上升时,MC 曲线下降;当 MPL 曲线下降时,MC 曲线上升;MC 曲线的最低点对应 MP_L 曲线的顶点。

进一步结合 MP_L 与 MC 的关系可知:当 TPL 曲线以递增的速度上升时,TC 曲线和 TVC 曲线以递减的速度上升;当 TP_L 曲线以递减的速度上升时,TC 曲线和 TVC 曲线以递增的速度上升;TP_L 曲线上的拐点对应 TC 曲线和 TVC 曲线上的拐点。

3. 平均产量与平均可变成本

因为:

$$AVC = \frac{TVC}{Q} = \frac{wL(Q)}{Q} = w \cdot \frac{1}{\dfrac{Q}{L(Q)}}$$

即:

$$AVC = w \cdot \frac{1}{AP_L}$$

上式反映了平均产量与平均可变成本的关系:首先,AP_L 与 AVC 成反比。当 AP_L 递减时,AVC 递增;当 AP_L 递增时,AVC 递减;当 AP_L 达到最大值时,AVC 最小。因此 AP_L 曲线的顶点对应 AVC 曲线的最低点。其次,MC 曲线与 AVC 曲线相交于 AVC 的最低点。由于产量曲线中 MPL 曲线与 APL 曲线在 AP_L 曲线的顶点相交,所以 MC 曲线在 AVC 曲线的最低点与其相交。

三、长期成本和长期成本曲线

(一)长期总成本

企业长期对全部要素投入量的调整意味着对企业生产规模的调整。长期总成本(LTC)是指企业在长期中在每一个产量水平上通过选择最优的生产规模所能达到的最低总成本。长期总成本函数可以写成以下形式:

$$LTC = LTC(Q)$$

长期总成本曲线是无数条短期总成本曲线的包络线。在短期内,由于生产规模不能调整,企业只能按较高的总成本来生产既定的产量(如不同数量的订单)。但在长期内,企业可以变动全部的生产要素投入量来调整生产,从而将总成本降至最低,因而长期总成本是无数条短期总成本曲线的包络线。

如图 6-9 所示,假设长期中只有三种可供选择的生产规模,分别由图中的三条 STC 曲线表示。这三条 STC 曲线都不是从原点出发,每条 STC 曲线在纵坐标上的截距也不同。从图 6-9 中看,生产规模由小到大依次为 STC、STC_2、STC_3。现在假定生产 Q_2 的产量,企业面临三种选择:第一种是在 STC 曲线所代表的较小生产规模下进行生产,相应的总成本在 d 点;第二种是在 STC_2 曲线所代表的中等生产规模下生产,相应的总成本在 b 点;第三种是在 STC_3 所代表的较大生产规模下,相应的总成本在 e 点。长期中所有的要素都可以调整,因此企业可以通过对要素的调整选择最优生产规模,以最低的总成本生产每一产量水平。在 d、b、e 三点中,b 点代表的成本水平最低,所以长期中企业在 STC_2 曲线所代表的生产规模生产 Q_2 产量,所以 b 点在 LTC 曲线上。b 点是 LTC 曲线与 STC 曲线的切点,代表着生产 Q_2 产量的最优规模和最低成本。通过对每一产量水平进行相同的分析,我们可以找出长期中企业在每一产量水平上的最优生产规模和最低长期总成本,也就是可以找出无数个类似的 b(如 a、c)点,连接这些点即可得到长期总成本曲线。LTC 曲线表示企业在长期内进行生产的最优生产规模和最低总成本。

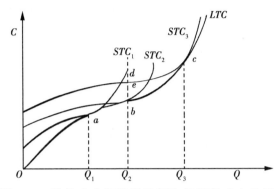

图6-9 最优生产规模的选择和长期总成本曲线

(二)长期平均成本

长期平均成本(LAC)表示企业在长期内按产量平均计算的最低总成本。长期平均成本函数可以写成:

$$\text{LAC}(Q) = \frac{\text{LTC}(Q)}{Q}$$

把长期总成本曲线上每一点的长期总成本值除以相应的产量,便得到每一产量点上的长期平均成本值。把每一产量和相应的长期平均成本值描绘在平面坐标图中,即可得长期平均成本曲线。

从上式可以看出,LAC 是 LTC 曲线连接相应点与原点连线的斜率。因此,可以从 LTC 曲线推导出 LAC 曲线。在理论分析中,我们常假定存在无数个可供企业选择的生产规模,从而有无数条 SAC 曲线,于是便得到如图6-10 所示的长期平均成本曲线,LAC 曲线是无数条 SAC 曲线的包络线。在每一个产量水平上,都有一个 LAC 与 SAC 的切点,切点对应的平均成本就是生产相应产量水平的最低平均成本,SAC 曲线所代表的生产规模则是生产该产量的最优生产规模。

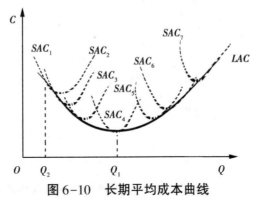

图 6-10　长期平均成本曲线

长期平均成本的 U 形特征是由长期生产中内在的规模经济与不经济所决定的。规模经济是指企业由于扩大生产规模而使经济效益得到提高,此时产量的增加倍数大于成本的增加倍数。规模不经济是指企业由于生产规模扩大而使经济效益下降。此时,产量增加的倍数小于成本增加的倍数。规模经济、规模不经济与生产理论中提到的规模报酬不同,二者的区别在于前者表示在扩大生产规模时的成本变化情况,而且各种要素投入数量增加的比例可能相同也可能不同;而后者表示在扩大生产规模时的产量变化情况,并假定多种要素投入数量增加的比例是相同的。但一般说来:规模报酬递增时,对应的是规模经济阶段;规模报酬递减时,对应的是规模不经济阶段。往往企业的生产规模在由小到大的扩张过程中,先出现规模经济,产量增加的倍数大于成本增加的倍数,因而 LAC 下降;然后再出现规模不经济,产量增加的倍数小于成本增加的倍数,LAC 上升。由于规模经济与规模不经济的作用,LAC 曲线呈 U 形。

(三)长期边际成本

长期边际成本(LMC)表示企业在长期中增加一单位产量所增加的最低总成本。

其公式为:

$$LMC = \frac{\Delta LTC}{\Delta Q}$$

当 $\Delta Q \to 0$ 时,

$$LMC = \lim_{\Delta Q \to 0} \frac{LTC}{\Delta Q} = \frac{dLTC}{dQ}$$

长期边际成本曲线是由长期总成本曲线求导、描点得出,如图6-11所示。

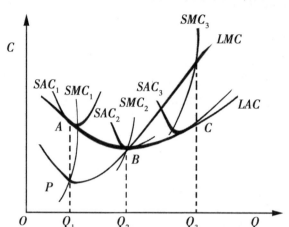

图6-11　长期边际成本曲线与短期成本曲线

从上式中可以看出,LMC 是 LTC 曲线上相应点的斜率,因此可以从 LTC 曲线推导出 LMC 曲线。

长期边际成本曲线呈 U 形,它与长期平均成本曲线相交于长期平均成本曲线的最低点。

第二节　成本理论的应用

一、基于交易成本理论分析林产品物流网络优化

在我国经济不断发展过程里,林业产业占据着很重要的地位。在近些年的发展过程里,林业产业为我国国民经济的增长提供了很大的推动作用。林业无论是对于我国环保问题,还是针对我国的资源可持续发展问题都有着十分紧密的关系,因此,林业产业是我国一种战略性重要产业部分。同时,由于我国不但是一个人口大国,同时还是一个林业生产大国。林业发展过程里,物流水平已经成为影响中国经济发展的重要影响因素,因此,一定要注重林产品物流网络的优化。交易成本理论作为以种重要理论知识,经过发展,逐渐涉及我国林业物流发展中,对我国林产品物流网络的优化有着十分重要的影响意义。

（一）相关理论概述

1. 林产品物流网络

林产品物流网络指的是负责营运林业产品物流任务以及林产品物流停顿任务的线路。林产品物流网络不但包含了物流线路以及物流节点，同时还有信息技术系统构建的网络系统。通过物流节点以及连线间的彼此关联和配置，构成了物流网络的多样性。不仅如此，林产品物流网络也是促进林产品发展，以及发展林产品物流的关键基础。

2. 交易成本理论的起源

在经济发展过程里，无论是哪种交易形式，在交易过程里都会产生一些费用，因此促进了交易成本理论的诞生与出现。科斯在他的专题文章里详细论述了企业与企业间的交易形式，同时提出了交易市场里的行为不但受到价格影响，同时还依赖于企业的推导，二者结合才是加快交易完成的重要推动力。因此可见，企业和市场调节体制都会对交易产生重要影响，二者之间的相互替代的重要因素即是交易成本。经过许多经济学者的不断研究与完善，交易成本理论已经涉及林产品物流发展过程，甚至对林产品物流发展有着十分重要的推动作用。

（二）基于交易成本理论下林产品物流网络优化的意义

1. 林产品交易环境得到了改善

交易环境受到很多因素的影响，例如说自然气候、病虫害影响等重要因素。假如遭受到了恶劣气候，必然会对林产品产量产生非常巨大的影响，进而会对林产品交易产生非常大的影响。除此之外，林产品生产规模大小的不确定因素，使得流动性比较大，同时市场信息存在着一些不稳定因素，造成生产商与消费人员之间的交易行为存在不稳定性特征。这些因素往往都会对林产品交易市场产生重要影响，造成交易市场比较混乱，增加了林产品交易市场的交易风险。通过物流网络优化，可以增加信息交流，完善交易市场的信息分享机制，实现合作发展，共同进步。

2. 降低了林产品交易成本

林产品交易频率受到许多因素的影响，例如说林产品生产特征、交易市场的价格变化以及供求关闭的变化等等。因为林产品拥有十分繁多的种类以及形态，林产品交易频率非常高。基于交易成本理论下的物流网络优化，会减低物流节点数量，下调林产品交易数量，并且还能够对资源调配进行统筹管理。

林产品从生产节点移动到物流基地的过程中,由于规模大小的影响,使得价格较为合理化,降低了交易成本。伴随物流网络的不断优化,节点数量更为合理化。和以往相比,不合理操作大幅度降低,提高了林产品转运的效率,降低了交易成本。

3. 林产品交易更加趋于理性化

在以往的物流网络中,由于节点的不合理化安排,加上节点不合理化操作的影响,致使交易成本大幅度增长。在交易过程里,交易双方由于受到交易成本的大幅度提升的影响,再加上他们为了获取巨额利润,必然会忽略林产品的自身价值,大幅度提升市场价格,此举必然会扰乱林产品交易市场的正常调节机制,让交易存在着不理性化之处。通过物流网络优化,可以规范交易成本,让交易成本平衡在合理平衡线处,因此,市场价格必然会受到影响,让林产品交易更加趋于理性化。

4. 推动了林业经济的增长

物流网络是基于生产基地与消费人员之间的消费链,通过网络优化,可以降低交易成本,调高物流节点的转运效率。因此,优化物流网络必然会对林业经济增长产生重要影响。

(1)优化物流网络可以降低物流成本,推动林业经济发展。之所以会对物流网络进行优化,源自降低物流成本。在以往发展过程里,由于物流网络存在着诸多不合理之处,物流成本十分巨大。在许多物流节点,都存在着一些不合理化操作行为,这些操作行为无疑提升了物流总成本。通过网络优化,能够合理化安排物流节点,规范物流节点的操作行为,降低物流成本,同时还可以让林产品以一种合理化的价格投放交易市场。通过这样的方法必然会

提升林产品的市场需求量,推动更多生产因素转向生产过程里,进而加快林业经济的发展。

(2)优化物流网络能够延长林产品价值链,提升林产品质量与市场价格。优化物流网络主要是对流通过程进行优化,总体来说就是借助于流通过程加工,能够在原料加工成成品的过程里提升产品质量,进而提高林产品的价值。由于林产品质量与价值的提升,必然会获取很好的利润效益。由于受到市场自动调节机制的影响,林产品价值的提升必然会刺激生产量的提高,加快生产技术的革新,进而推动林业经济的发展。

总之,在以往的交易过程里,由于网络结构的不优化,节点安排不合理,致使林产品交易成本大幅度提升。林产品交易市场的运行主要依赖于价格影响,交易成本的大幅度提升必然会扰乱林产品交易市场,让交易市场处于一种不平衡、不合理

化的状态。基于交易成本理论下对林产品物流网络进行优化,可以优化物流网络结构,降低交易成本。因此,在日常发展过程中,物流网络结构对林产品交易有着重要影响作用。

二、成本管理中价值链理论的应用

市场经济的高速发展,在给我国企业带来更多机遇的同时,也对我国企业的财务管理工作提出了更高的要求。市场的开放性让许多企业得以存在与发展,市场的竞争性让许多企业消失与灭亡。随着全球经济一体化进程的加快,我国企业面临的市场竞争也日益突显,而成本管理工作作为各个企业财务管理制度调整中的重头戏,也成为企业改革的重点工程之一。如何通过有效的成本管理工作,来降低企业的运营投入,提高企业的外在竞争力,是当前我国许多企业亟待解决的问题。我国的企业只有审时度势、切中事理,做好企业成本管理工作的调整与革新,才能更好地应对瞬息万变、变化莫测的市场经济风云。

下面我们从成本管理的概念与价值链的理论入手,对企业成本管理中价值链理论的应用进行了分析。

(一)成本管理概念与价值链理论概述

1. 成本管理

企业成本管理是企业财务管理工作的重要组成部分,只有落实好企业的财务管理工作,才能提升企业的财务管理水平,实现对企业财务活动的战略性把握。企业成本管理的对象是企业运营活动的全局,其任务是实现企业的发展战略目标,其目的是通过有效健全的成本会计核算,对企业的成本进行控制,同时为企业的最优发展决策提供财务数据支持,实现对企业各个财务单位的有效监管。只有让企业的成本管理与企业的发展实际紧密结合,才能让企业的发展进行一个良性的循环模式。

2. 价值链理论

价值链理论是一个舶来概念,它最早由哈佛的迈克尔·波特教授提出。价值链理论人为企业的价值实现是经由许多不同环节的经济生产活动组建而成的,各个环节之间相互关联、紧密联系,最终造就了企业价值最大化的实现。这些经济生产活动指的是企业核心产品从设计、生产到销售、发布各个流程中的主要生产活动与辅助性生产活动的总和。价值链成本管理是企业成本管理的一种重要模式,它是一种以客户需求导向,开展企业经济生产活动的方式,通过对产品生产环节的成本把控,实现降低成本,增加利润的目的。

(二)未使用价值链理论的成本管理模式下企业的财务误区

1. 成本管理与生产销售脱节

当企业的生产设备运行正常,企业的生产人才工作有序的时候,企业在单位时间内产品成本的降低,是通过提高单位时间的产品产量实现的。但是这种单位时间内产品成本降低只考虑到了企业自身内部的各个工作环节,忽视了对市场环境的把握。这种增加单位时间内产品产量的方式,要想真正实现降低成本的目的,还需要保证这些增加出来的产品能够实现销售,完成价值的交换。当企业的成本管理.与生产销售脱节时,不但不会起到降低企业成本的目的,还有可能会制造出更多的待销售产品,从而提高企业的销售压力与库存压力。在以生产为导向的成本管理工作中,企业的销售价值无法得到有效的保障,客户的实际需求也无法得到真正体现。同时对生产成本控制的过分推崇,极易连带的产生对劳动力的剥削和产品偷工减料的不良现象。

2. 对辅助性成本投入的忽视

企业的成本投入主要分为两个大项,一个是与生产活动利益产生直接相关的主要成本投入,如材料费用、人工费用、机械费用、运输费用等,还有一个是为了实现企业主要生产活动有效达成的一些辅助性成本的投入,如管理费用、保险福利、差旅费用等。因为主要成本投入,一般数额较大、与企业的价值实现具有更为重要的联系,所以在未使用价值链理论的成本管理模式下企业会更加注重对主要成本投入环节的控制与管理,以财务核算为基础,建立相关的内控机制。但是对于企业的辅助性生产成本却缺少重视,忽略了对这一块成本投入的控制与管理,导致部分企业的辅助性生产成本一直处于一个无人监管的无序运行状态,让企业的资源没有得到优化配置,无形中增加了企业的成本投入压力,给企业成本竞争力的形成造成负面的影响。

(三)成本管理中价值链理论的应用

企业的长期稳健发展与经济效益最大化的实现,是每个企业发展经营的终极目标,在市场经济的大环境下,企业除了通过对外扩展、兼并重组来实现企业规模的壮大,形成竞争优势的同时,还需要通过科学合理的成本管理方式,来有效降低企业成本投入,让有限的企业资源能够发挥出最佳的经济效果,从而让企业在市场经济中处于更加优势的地位。价值链在企业成本管理工作的引入,可以切实的帮助企业把企业长远的发展目的与近期的经济收益与企业的价值实现活动关联起来,从战略的角度,看待企业成本的管理工作,其目的在于实现对于企业成本有效控制同时,能够让企业的收益随之增加。

1.从价值链活动的角度出发优化企业的内部成本投入

一般来说,企业的内部价值链后动为设计、生产、销售、发布的各个环节。具体到出版企业,其企业的内部价值链活动大致可以细分为:接受订单、设计排版、原料采购、生产制作、出版发行、完成销售、售后服务等活动。从中我们不难看出,企业的内部价值链活动一般会囊括进企业主要的生产经营活动,从成本管理的角度来说,只要企业价值链活动中的某一环节的成本得到有效控制,那么企业的整体生产成本也会相应降低。但是从企业价值实现的角度来说,单一环节的成本控制有可能会影响该环节的生产质量,长此以往会影响企业的产品质量,给企业的品牌造成负面的影响,从而无法有效实现提高企业竞争力的目的。因此为了实现企业的长远发展,企业应该从价值链活动的整体出发,来优化企业的内部成本投入。

2.从产业价值链的角度出发重构企业的外部产业联盟

不同企业由于其生产方式与生产侧重的不同,它们的价值链活动构成也会有所差异,如果企业能够利用自己的价值链活动优势,与同产业链中的其他企业进行优势互补,可以有效降低企业的经营风险,实现产业联盟优势。例如具有优质生产能力的出版企业,与具有优质销售能力的出版企业,结合合作伙伴关系,为消费者提供更好的出版质量、更好的销售服务,让两个企业能够分散风险、共享利益,最终实现企业合作的双赢。发展较为完善,形成品牌优势,具有稳定市场占有率的企业,还可以通过"使用特许经营"的形式来扩大自己的企业的经营规模,实现更多的企业经济效益。同时企业可以拓展价值链中的上下游企业合作,例如出版企业可以通过把与企业有材料供应与运输业务关系的企业,进行深入合作,尽量实现材料供应的零库存,发挥企业材料供应链的积极作用,降低企业的库存管理成本。

总之,成本管理是对企业的成本投入进行的一项管理工作。以往的企业成本管理侧重对成本收支的管理,停留在财务会计管理的层面。这个管理模式下的企业成本发展较为死板和机械,无法有效地把企业发展的全局纳入企业成本管理的工作之中。价值链理论在成本管理中的应用,给了企业成本管理更多的发展空间与发展活力。出版企业应该积极的加强价值链理论在成本管理工作中的重要作用,实现企业成本管理工作的优化升级,为企业的进一步发展打下坚实的成本控制基础。

第七章　市场失灵与微观经济政策

第一节　市场经济与市场失灵

一、市场经济与资源配置

一个社会的资源配置的方式,在不同的时期决定的因素是不同的,资源配置的方法也有很多。

市场经济作为一种配置社会资源的最有效的方法,与亚当·斯密的"看不见的手"这一理论紧密联系在一起的。市场机制就像一只看不见的手,在协调着整个市场的生产和消费。斯密曾生动地描绘说:"我们能享用可口的晚餐,并非由于肉摊主、酒贩子或面包师的仁慈善意,而是由于这些人对自身利益的关心。我们求诸的不是他们的良心,而是他们的自利之心,我们从来不必去对他们诉说我们的生活需要,而只需讲交易对他们带来的好处。"总之,在市场经济发展过程中,分工能够得到进一步发展,消费者的消费能够得到最大程度的满足,劳动生产效率达到最高。在看不见手的引导下,会便整个社会生产力提高,使整个社会的福利增加。

二、市场失灵的原因及表现

(一)市场失灵及其原因

市场失灵,是由美国经济学家弗朗西斯(Francis Amasa Walker)在 1958 年提出来的,也称为市场障碍、市场失效和市场失效等。

关于什么是市场的失灵,经济学界有许多不同的看法。比较流行的观点认为,当市场不能实现资源的有效配量时,它就是失灵的。

根据亚当·斯密的"看不见的手"的原理,每一个人在追求自身利益的时候,会在一只看不见的手的引领下,实现社会福利不断增加的目的。看不见的手有可能导致出现的问题就是市场失灵的原因。

1. 资源配置的低效率问题

资源配置的高效率一直被认为是市场经济体制的最主要的优点。然而,在很多的情况下,这种看法并不正确。比如,随着市场经济的发展,竞争会越来越激烈,自由竞争的结果会出现优胜劣汰,中小企业逐衡被淘汰,生存下来的企业规模越来越大,往往会引起垄断,面在垄断的情况下,市场机制就不能够实现资源的最优配置了。

2. 分配问题

看不见的手最多只能解决效率问题,而不能解决分配问题。实际上,纯粹的市场机制的作用往往会导致贫富差距的扩大,导致两极分化。

3. 失业和通货膨胀

这是人们通常所说的宏观经济问题。在不存在政府积极主动干预的市场经济中,有效需求常常不足。在这种情况下,就会出现大规模的工人失业。相反,如果需求过度了,则会引起通货膨胀。

4. 生态环境恶化的问题

由于市场经济追求利润的动机,会使企业家只顾追求利润而不顾其他。在这种情况下,如果没有政府的干预,就会出现生态环境被污染和恶化的情况。

市场失灵是与市场成功相对的,即市场在资源配置方面出现低效率,就出现市场失灵。在市场失灵的情况下,市场价格既不等于该商品的边际社会收益,又不等于该商品的边际社会成本。市场经济运行偏离帕累托最优状态。

美国经济学家斯蒂格利茨(Joseph Eugene Stiglitz)进一步把市场失灵分为两种:一种是以不完全信息、信息有偿性以及不完备的市场为基础的;而原始的市场失灵是与诸如公共物品污染的外部性等因素相联系的。这两种市场失效之间主要存在两点差别:原始的市场失灵在很大程度上是容易确定的,其范围也容易控制,它需要明确的政府干预。而现实中所有的市场都是不完备的,信息总是不完全的,道德风险和逆向选择问题对于所有市场来说是各有特点的,因此经济中的市场失灵问题是普遍存在的。

(二)市场失灵的表现

1. 市场垄断

亚当·斯密的"看不见的手"只有在完全竞争的条件下才能发挥作用。而现实社会都是不完全竞争,随着企业规模的扩大,垄断会在很多行业逐渐形成。表现为资源垄断、自然垄断、和政府垄断。不管是哪一种形式的垄断,垄断企业都可以凭借自己的垄断地位,规定垄断高价和垄断低价,垄断企业就此可以获得高额垄断利润。因此,垄断企业的存在抑制了竞争,降低了整个社会的经济模利水平。破坏了市场经济这种具有高效率的资源配置方式。

2. 不完全市场

市场的不完全性是指即使消费者对有些产品或劳务愿意支付的价格要高于生产成本,私人市场仍无法提供这种产品或劳务。例如,私人银行不愿意提供周期长、金额大的贷款。因此,致府就要承担起这个义务。像许多国家成立政策性银行就是为解决私人银行不愿意做的业务。市场的不完全性,同样破坏了市场经济这种具有高致率的资源配置方式,导致市场失灵。

3. 公共产品

从 20 世纪 60 年代起,许多经济学家发现,导致市场失灵的,还有公共产品问题。由于公共产品的特点,自由市场不能提供社会所需的公共产品。因此,只有政府担当起向社会提供公共产品的任务,才能保证社会经济的正常进行。正是因为这样,现在越来越多的国家开始对经济进行干预。这些公共产品能够使市场有效的运行,但市场本身却不能提供这些商品,这就产生了矛盾,也是市场失灵的一种表现。

4. 外部经济

由于外部经济的存在,会使产品的边际社会成本成边际社会收益与边际私人成本或边际私人收益发生背离。而且,有时这种背离会很大。这时,自由市场均衡将使产生外部成本的产品产量过离,而产生外部收益的产品的产量过低。这种背离是由于社会中相互影响的经济活动得不到相应的补偿而造成的。由于外部经济活动的存在,帕累托最优条件不可能达到,市场失灵就会出现,只有通过政府采取的一些措施才能矫正这种背离。

5. 信息不完备

在经济活动中,信息是影响经济主体行为的重要因素之一,信息是否完备、信息是否对称对经济影响非常大。

第二节　外部效果理论及其应用

一、外部效果理论

（一）基本概念和理论渊源

一般来说,如果某消费者或企业在从事经济活动时,给他人带来危害或好处,但该消费者或企业却并没有因为这一危害或好处而向他人支付赔偿或索取报酬时,那么,我们就说经济中出现了"外部效果"。"外部效果"也可定义为经济活动所产生的,没有得到市场承认的危害或好处。比如,化学公司排放废气造成了大气污染,给周围居民的健康带来不利影响,但该公司并没有因此向居民支付赔偿;又比如,一个房主重新粉刷他的房子,并种植令人喜欢的花草,所有邻居都因这一活动而受益,但房主并没有因此而获得报酬。通常前一种情况称为经济活动的负外部效果;而后一种情况称为经济活动的正外部效果。

由于外部效果的存在,使得经济活动的某些后果没有得到市场的承认,当事者不必承担负外部效果所造成的损失,也无法从正外部效果中得到报酬。这样,经济活动的私人成本与社会成本（或私人收益与社会收益）便不相一致。比如,造纸厂生产纸张的私人成本包括材料、运输、资本、劳动、管理等成本,但对整个社会而言,生产纸张的成本除了上述所有私人成本以外,还包括生产过程中所产生的污水、废气对社会所造成的损失,既污染成本。然而,在市场经济中,经济活动的决策是基于私人成本和私人收益的比较,当私人成本与社会成本不相一致（或私人收益与社会收益不相一致）时,一个对企业或个人是最优的决策,并不一定对社会而言也是最优的决策。

在经济活动存在负外部效果的情况下,市场竞争会导致生产或消费过多,而在经济活动存在正外部效果的情况下,市场竞争又会导致生产或消费不足。可见,外部效果问题的存在,破坏了市场机制配置资源的优越性,导致出现市场失灵的情况。

（二）外部效果原理的理论渊源和发展

论及外部效果理论,三位经济学家的名字是不得不提及的,而且可以提到里程碑意义的高度,这三位经济学家的名字就是马歇尔、庇古和科斯。可以说外部效果理论体系就是由这三位大师构建的。

1.马歇尔与"外部经济"

外部效果理论最早可追溯到新古典经济学的完成者马歇尔那里。马歇尔是英国"剑桥学派"的创始人,是新古典经济学派的代表。马歇尔并没有明确提出外部效果这一概念,但外部效果概念源于他在 1890 年发表的《经济学原理》中提出的"外部经济"概念。《经济学原理》一书中马歇尔在分析个别企业和行业经济运行时首创了"外部经济"和"内部经济"这一对概念。所谓内部经济,是指由于企业内部的各种因素所导致的生产费用的节约,这些影响因素包括劳动者的工作热情、工作技能的提高、内部分工协作的完善、先进设备的采用、管理水平的提高和管理费用的减少等。所谓外部经济,是指由于企业外部的各种因素所导致的生产费用的减少,这些影响因素包括企业离原材料供应地和产品销售市场远近、市场容量的大小、运输通信的便利程度、其他相关企业的发展水平等。

实际上,马歇尔在这里把企业自身规模的扩大而带来的效率提高称作是内部经济,这就是在生产理论中所讲的规模经济,即随着产量的扩大,长期平均成本的降低;而把企业间分工而导致的效率提高称作是外部经济。

马歇尔虽然并没有提出"外部不经济"的概念,但从他对外部经济的论述可以从逻辑上推出外部不经济概念及其含义,即外部不经济是由于企业外部的各种因素所导致的生产费用的增加。马歇尔关于外部经济的分析方法给经济学后继者提供了无限的想象空间,其所分析的外部经济是外部因素对本企业的影响,由此自然会想到一个企业的行为如何会影响其他企业的成本与收益。这正是外部效果理论所要研究的问题。

2.庇古(Pigou)与"庇古税"

在马歇尔的开创性研究之后,作为马歇尔的得意门徒,福利经济学创始人庇古首次用现代经济学的方法从福利经济学的角度系统地研究了外部效果问题,在马歇尔提出的"外部经济"概念基础上扩充了"外部不经济"的概念和内容,将外部经济问题的研究从外部因素对企业的影响效果转向企业或居民对其他企业或居民的影响效果。庇古通过分析私人成本和社会成本,私人收益和社会收益的背离来阐释外部经济问题,并形成了外部效果理论的基础。庇古所谓的私人成本是指企业(或个人)在生产(或消费)过程中自身所负担的成本,如果企业(或个人)的这种生产(或消费)活动对其他经济主体的利益造成负面影响(即存在负外部效果)

时,则该生产(或消费)活动还会导致外部成本(比如由于某一企业的环境污染,导致另一企业为了维持原有产量,必须增加诸如安装治污设施等所需的成本支出,这就是外部成本)。

一项经济活动的私人成本与外部成本之和就是社会成本。如果一项经济活动不存在负外部效果,即外部成本为零,则私人成本就等于社会成本。但是庇古认为,在实际经济生活中,企业或个人的经济活动往往具有外部效果,此时经济活动的私人成本和社会成本,私人收益和社会收益往往发生背离。根据新古典理论的边际分析法,企业或个人是根据边际私人成本等于边际私人收益的原则进行最优决策的,因此当私人成本与社会成本,私人收益与社会收益发生背离时,对企业或个人来说是最优的决策,对社会而言就可能不是最优的了。所以庇古指出,由于外部效果的存在,新古典经济学认为完全依靠市场机制形成资源的最优配置从而实现帕累托最优是不可能的。

既然在边际私人收益与边际社会收益、边际私人成本与边际社会成本相背离的情况下,依靠自由竞争不可能达到社会福利最大,于是就应由政府采取适当的经济政策,消除这种背离。政府应采取的经济政策是,对边际私人成本小于边际社会成本的部门实施征税,即存在外部不经济效应时,向企业或个人征税使负外部性的制造者承担外部成本;对边际私人收益小于边际社会收益的部门实行奖励和补贴,即存在外部经济效应时,给企业或个人补贴。庇古认为,通过这种征税和补贴,就可以实现外部效果的内部化。这种政策建议后来被称为“庇古税”。

需要注意的是,虽然庇古的“外部经济”和“外部不经济”概念是从马歇尔那里借用和引申来的,但是庇古赋予这两个概念的意义是不同于马歇尔的。马歇尔主要提到了“外部经济”这个概念,其含义是指企业在扩大生产规模时,因其外部的各种因素所导致的单位成本的降低。也就是说,马歇尔所指的是企业活动从外部受到影响,庇古所指的是企业活动对外部的影响。这两个问题看起来十分相似,其实所研究的是两个不同的问题或者说是一个问题的两个方面。庇古已经把马歇尔的外部性理论向前大大推进了一步。

遵循庇古的研究思想,许多经济学家对众多的外部效果问题进行了深入的探讨,这些问题包括交通拥挤问题、石油和捕鱼区相互依赖的生产者的共同联营问题以及日益受人关注的环境污染问题。尤其是环境污染的外部效果问题更是得到了广泛的关注和研究,如英国环境经济学家鲍莫尔(Baumol)在《环境政策的理论分析》中建立了一般分析模型以解释“庇古税”的正确性,戴维·皮尔斯(D. Pearce,)从可持续发展的角度考察了英国乃至全球的环境问题。

3. 科斯(R. Coase)与科斯定理

新制度经济学的开山鼻祖,芝加哥大学教授科斯对外部效果理论的贡献可以说是革命性的。针对外部效果的矫正问题,科斯一反"庇古税"传统,在其经典论文《社会成本问题》中提出:政府的干预并不是必要的,外部效果问题可以通过重新分配产权得到解决。科斯认为,庇古是在错误的思路上讨论外部效果问题,其错误在于当面对 A 损害 B 这类外部性问题时,往往是考虑应该如何阻止 A。其阻止的办法无外乎要么要求 A 向 B 赔偿损失,要么向 A 课税,或者干脆要 A 停止工作。这些办法都不尽人意,因为其结果是尽可能使 B 免遭损害,但却有可能使 A 遭受损失。要使当事人所遭受的损失都尽可能地小,正确的思考逻辑应该是应准许 A 损害 B,还是准许 B 损害 A。为了阐述他的命题,科斯举了在两块相邻的地上,因养牛人的牛跑到农场主的地上去吃农作物而引起纠纷的经典案例。依照科斯的意思,后人总结为著名的"科斯定理",即当交易成本为零时,人们之间的自愿合作或将外部性所产生的社会成本纳入交易当事人的成本函数,从而导致最佳效率的结果出现(这就是所谓的科斯第 1 定理);在交易成本为正的世界中,法律规则中产权的界定对外部性问题的解决有着重要作用。法律规则的选择应在比较各种解决办法的成本和收益后作出,他认为允许当事人就外部性问题进行谈判以自愿合作解决外部性问题是有效的法律规则。

政府的作用即是界定当事人拥有的产权,包括进行谈判的权利,而不必直接干预。这就是说,只要交易费用不为零,就可以利用明确界定产权,通过产权之间的自愿交换来达到资源的最佳配置,从而克服外部效果问题,而无需抛弃市场机制。因为只要产权界定清,交易各方就会力求降低交易费用,把资源使用到产出最大或成本最小的地方(这就是所谓的科斯第二定理)。所以在科斯看来,外部效果问题完全可由私人合约得到解决,即基于自愿交易的私人合约行为对市场运转有着自我修正的效能。有关科斯定理,接下来还要详述。

二、外部效果理论的应用——控制环境污染经济政策的国际比较

(一)国外控制环境污染的经济政策

1. 排污税(费)政策

世界经济发达国家特别是欧盟国家,为了控制经济活动造成的环境污染问题,

实施可持续发展,于 1972 年 5 月,由经济合作与发展组织(以下简称 OECD),提出了污染者付费原则。根据该原则,OECD 国家普遍实行了征收环境税的政策,包括在空气污染、水污染、噪音污染、固体废物污染(如垃圾)等方面征收排污税(费)以及产品税等。

(1)废气排放税。即对排放到空气中的二氧化硫污染物征收的一种税。1972年,美国率先开征此税,其税法规定:二氧化硫浓度达一级和二级标准的地区,每排放一磅硫分别课征 15 美分和 10 美分,以促使生产者安装污染控制设备,同时转向使用含硫量低的燃料。随后,1991 年 1 月,瑞典也开征了二氧化硫税,该税是根据石油、煤炭的含硫量来征收的。目前,征收此税的国家还有荷兰、挪威、日本、德国等。

(2)二氧化碳税。从 1991 年开始,瑞典征收此税,对油、煤炭、天然气、液化石油气、汽油和国内航空燃料进行征收。其税率根据各种不同燃料的平均含碳量和发热量来确定,单位税额为每公斤二氧化碳排放量 0.25 克朗。由于不同燃料的二氧化碳排放量不同,因此其确定的单位税额也不同。

(3)水污染税。即对水体污染行为征收的一种税。目前,西方的一些工业国家都对污染水质的行为进行课税,这些国家中征税制度比较完善的是德国。德国自从 1981 年起开始征收水污染税,以废水的"污染单位"为基准,在全国实行统一税率,目前该税年收入在 20 亿马克以上,税金全部作为地方收入用于改善水质,社会效益十分明显。而荷兰征收的水污染税是政府对向地表水及净化工厂直接或间接排放废弃物、污染物和有毒物质的任何单位和个人征收的一种税。该税由省级政府所属的 30 个水资源委员会征收,税率根据排放物质的耗氧量和重金属的含量来确定,对不同的水资源保护区实行不同的税率。

(4)噪音税。即对超过一定分贝的特殊噪音源所征收的一种税。美国、德国、日本和荷兰等国都征收此税。荷兰的噪音税是政府对民用飞机的使用者(主要是航空公司)在特定地区(噪音影响区域主要是机场周围)产生噪音的行为征收的一种税。它的税基是噪音的产生量,征收这种税的主要目的是为政府筹集资金,用于在飞机场附近安装隔噪设施,安置搬迁居民等。日本按照飞机着陆架次计征,美国洛杉矶则对机场的每位旅客和每吨货物征收 1 美元噪音治理税。

(5)固体废物税。即对固体废物征收的一种税。该税主要是根据废弃物的实际体积和类型定额征收。课税对象包括饮料包装物、废纸和纸制品、旧轮胎等。在美国对固体废物实行饮料容器押金法,即顾客在购买饮料时要预先交上一定的押金,到归还空容器时再退还押金。实行这种办法,可减少随意乱扔废饮料包装物现象,以达到保护自然环境和节约能源的目的。1993 年,比利时在《环境税法》中对固体废物的征税也作了类似的规定:环境税适用于饮料容器、废弃的照相机、工业使用的某些包装品、杀虫剂、纸以及电池等各类产品。

2. 排污权交易制度

美国是排污权交易制度的发源地。美国排污权交易制度的发展分两个阶段。

(1)第一阶段是 20 世纪 70 年代中期至 80 年代末期,这个阶段可以称为实验期。在此期间,排污权交易的对象是"排污削减信用"。主要是在政府的协调下,进行一些局部或区域的交易。1979 年,美国国家环保局(以下简称 EPA)开始试点实行气泡政策,它把一个工厂当作一个气泡,只要该气泡向外界排出的污染物总量符合政府按照环境要求计算出的排污量并保持不变,不危害周围的大气质量,则允许气泡内各排污源自行调整。1982 年 EPA 颁发了排污交易政策报告书,允许美国各州建立排污交易系统,在这个交易系统中,同类工业部门和同一区域中各工业部门可进行排污削减量的交易,"污染物排放削减信用"是交易中的媒介和通货,银行方面则要参与排放削减信用的存储和流通。

排污削减信用模式是污染企业通过削减排污量,使污染物的实际排放水平降低到政府法定标准之下,削减的差额部分可由企业申请超量治理证明,经政府认可后即可成为排污削减信用。排污削减信用可以说是整个排污权交易制度的核心,它作为一种交易的货币可以在其他政策之间进行流通。这一模式主要是通过泡泡政策、储蓄政策、补偿政策和净额结算政策 4 项政策加以实施的。

1979 年,美国环保局通过了储蓄政策,即污染排放单位可以将排污削减信用存入指定的银行,以备自己将来使用或出售给其他排污者,银行则要参与排污削减信用的贮存与流通。美国环保局将银行计划和规划制定权下放到各州,各州有权自行制定本州的银行计划和规划。

补偿政策是指以一处污染源的污染物排放削减量来抵消另一处污染源的污染物排放增加量,或是允许新建、改建的污染源单位通过购买足够的排放削减信用,以抵消其增加的排污量。实践证明补偿政策不仅改善了空气质量,促进了当时的经济增长,反过来又使经济增长成为改善空气质量的动力。

净额结算政策是指只要污染源单位在本厂区内的排污净增量并无明显增加,则允许在其进行改建、扩建时免于承担满足新污染源审查要求的举证和行政责任,它确认排污人可以用其排放削减信用来抵消扩建或改建部分所增加的排放量。

在第一阶段,排污权交易只在美国部分地区进行,交易量少,而且补偿价格要比预计的低,最终并没有取得预期的效果。但是实践表明,排污权交易计划具有极大的可行性,从而为后来全面实施排污权交易奠定了基础。

1986 年 12 月,EPA 又颁发了排污交易政策的总结报告书,全面阐述了排污交易政策及其一般原则,同时还为排污交易制定了具体的交易规模和准则。

(2)第二阶段是 20 世纪 90 年代以来,1990 年美国国会通过了"清洁空气法"修正案,推出二氧化硫排污权交易政策,这是一项真正以市场为导向的环境经济政策,实施范围也涵盖了全国。根据美国《清洁空气法》的规定,美国排污权交易制度主要包括以下几个方面的内容。

第一,排污权交易的对象。根据美国《清洁空气法》的规定,排污权交易制度的对象仅规定为二氧化硫。之所以如此,是根据美国当时的具体情况来决定的。即主要是根据美国 1990 年削减污染物质的费用来决定的。在 1990 年,美国削减 1 吨二氧化硫,需要花费的费用为 600 美元,而削减 1 吨氮氧化物,则需要花费的费用为 2000 ~ 3000 美元。由于削减氮氧化物的费用远远超过了削减二氧化硫的费用,为有效落实排污权交易制度,美国修改《清洁空气法》时,在法律上仅将二氧化硫作为排污权交易的对象,而没有将氮氧化物作为排污权交易制度的对象。对氮氧化物排出量的控制则采取较为灵活的政策,即规定由各州根据其权限,依照《州实施计划法》具体施行氮氧化物排出权交易制度。《清洁空气法》在规定了排污权交易的对象后,还明确规定了一定时期内具体削减二氧化硫的总量控制指标。《清洁空气法》第 403 条规定,2000 年以后,全美国发电厂所排出的二氧化硫的容许排出总量为每年 890 万吨。与 1980 年容许排出总量相比,应削减 1000 万吨。同时,该法还具体地规定了削减的步骤。即该法规定,1995 年至 1999 年为削减二氧化硫的第一阶段,应削减总量为 500 万吨;从 2000 年开始,为第二阶段,应在第一阶段的基础上再削减 500 万吨。

第二,容许排出量 。容许排出量,是指政府所规定的享有排污权的企业在一年间所能排出的污染物质即二氧化硫的总量。政府通过法律明确规定各企业的容许排出量,对超过容许排出量而排污的企业,除强制其支付制裁金之外,还规定其必须在次年填补所超额排出的数量等措施,有效地控制全国问题污染物质的排放总量,达到降低环境负荷的目的,因此,容许排出量,是排污权交易制度的重要组成部分。美国《清洁空气法》第 402 条规定,排污权交易制度中的每单位容许排出量,是以一年内所允许排出每吨二氧化硫的数量来计算的。每年,环境保护厅长官根据排出削减对象的各设施所排出数量的限度情况,对各排出削减对象的设施的指定代表具体分配各设施的容许排出量。同时,该条还规定,各设施在每年所排放的二氧化硫总排出量,应该抑制在保有的容许排出量的吨数以下。

第三，排污权的交易。美国《清洁空气法》规定了排污权交易的方式。即在美国，排污权的交易，一般是通过储蓄、转让交易、出售、拍卖等方式来完成的。

①储蓄：美国《清洁空气法》第403条规定，该法所规定的排出削减对象的设施，可以将被分配的年度没有使用完的容许排出量储存起来，以备将来使用。但是，容许排出量不得在发行之前提前使用。

②转让交易：《清洁空气法》第403条对排污权转让主体、转让程序等作出了具体规定。即规定排出削减对象设施的指定代表、容许排出量的保有者或其他人之间，可以自由地转让容许排出量。容许排出量的转让，必须经美国环境保护厅长官对交易当事人双方已签名的转让证明书进行记录后，才发生效力。容许排出量在发行之前，也可以进行转让。判断当事人是否遵守转让协议，通常是在每年的年末进行。并规定由环境保护厅长官公布容许排出量的发行、记录、跟踪系统以及容许排出量的交易系统。

③出售、拍卖：为保证容许排出量在市场上能充分发挥其有用性，《清洁空气法》第416条规定环境保护厅长官，举办容许排出量的拍卖以及直接出售活动。并规定，任何主体均可参加容许排出量的拍卖与直接出售活动。具体地，《清洁空气法》第416条规定，1993年以后，环境保护厅长官提供自2000年开始能够利用的2.5万吨容许排出量直接用于出售。通过这种方式出售的容许排出量价格为每容许排出量相当于1500美元，预定至1999年为止。由于容许排出量的出售价格较高，因此，至1997年，美国就已经停止了直接出售容许排出量这种方式。美国于1993年开始举办容许排出量的拍卖活动。同时，第416条还对拍卖的年度、拍卖的容许排出量的种类、容许排出量的数量等进行了规定。

第四，排出污染物质的监控。排出污染物质的监控，是指环境保护厅对各对象设施的所有者、经营者所设置的连续排出监控系统的记录、报告等进行的监督、检查。排出污染物质的监控措施，是排污权交易制度实施中必不可少的环节，它是关系到排污权交易制度成功与否的关键因素。《清洁空气法》第412条规定，各排出削减对象设施的所有者或经营者，必须设置连续排出监控系统，保证记录资料的质量，遵守有关记录与报告方面的义务。

第五，制裁措施。制裁措施，是指排出削减对象设施在一年间所排放的二氧化硫总量，超过由环境保护厅长官发放的容许排出量而应该受到的制裁。该措施是排污权交易制度的保障措施，只有对超过容许排出量的企业进行制裁，才能够保证各企业改进技术，减少排污量，并有可能将剩余的容许排出量转让给其他企业。因此，制裁措施，是排污权交易制度的保证，是排污权交易制度真正发挥其作用的关键所在。《清洁空气法》第 411 条规定,被指定的排出削减对象的设施,在超过保有的容许排出量而排放二氧化硫时,必须对其超过量按每吨 2000 美元缴付制裁金。并且,原则上,该超过排放污染物质的设施的所有者或经营者,必须在第二年填补其超过排放的数量,并向环境保护厅长官提出填补计划方案,如在不能完成填补计划方案时,则从其容许排出量中加以扣除。

(3)实施"酸雨计划"

美国排污权交易发展的另一重要标志就是实施"酸雨计划"。这期间排污权交易的对象主要集中于 SO_2,是在全国范围的电力行业实施的,而且有可靠的法律依据和详细的实施方案,是迄今为止最广泛的排污许可证交易实践。

酸雨计划的主要目标之一是,到 2010 年美国的 SO_2 年排放量比 1980 年的排放水平减少 1000 万吨。计划明确规定,通过在电力行业实施 SO_2 排放总量控制和交易政策来实现这一目标。

美国的 SO_2 排污许可交易政策以一年为周期,通过确定参加单位、初始分配许可、再分配许可和审核调整许可 4 部分工作来实现污染控制的管理目标。

在美国的 SO_2 排污权交易政策体系里,排污许可的初始分配有 3 种形式:无偿分配、拍卖和奖励。其中,无偿分配是许可初始分配的主要渠道。同时,为了保证新建的排放源获得必须的许可证,酸雨计划中特别授权美国环保局从每年的初始分配总量中专门保留部分许可证作为特别储备进行拍卖。另外,还设立了两个专门的许可储备,用于奖励企业的某些减排行为。

许可证的交易是整个计划中的核心环节。通过交易,污染源可将其持有的许可证重新分配,实际上是重新分配了 SO_2 的削减责任,从而使削减成本低的污染源持有减少的许可证,实现 SO_2 总量控制下的总费用最小。交易的主体分为达标者、投资者和环保主义者 3 类。交易的类型分为内部交易和外部交易,前者用于审核达标者的许可证是否符合排污源的排放量,后者为所有交易主体建立并用于许可证的转移。

为了确保许可证和 SO_2 排放量的对应关系,美国环保局对交易体系参加单位每年进行一次许可证的审核和调整,检查各排污单位当年的子账户中是否持有足够的许可证用于 SO_2 排放。若不足,实行惩罚;若有剩余,则将余额转移至企业的次年子账户或普通账户。美国环保局主要依靠排污跟踪系统、年度调整系统和许可证跟踪系统这 3 个数据信息系统进行审核。

美国的排污权交易取得了积极而显著的效果,特别是在实施 SO_2 排污交易政策之后更为突出:1978—1998 年,美国空气中 CO 浓度下降了 58% , SO_2 浓度下降了 53%;1990—2000 年,CO 排放量下降了 15%,SO_2 排放量下降了 25%。在经济效益方面,根据美国环保局计算,1970—1990 年执行和遵守《清洁空气法》的直接成本为 6890 亿美元,而直接收益高达 22 万亿美元。

美国的排污权交易实践表明,完善的法律制度、多样的交易主体和中介机构、多元化的许可证分配方式、完备的监督管理体制以及对市场规律的尊重,对于排污权交易的实施至关重要。

(二)中国控制环境污染的经济政策

1. 中国排污收费政策发展历程

20 世纪 70 年代末期,中国环境保护主管部门根据中国的实际情况,并借鉴国外的经验,提出了"谁污染谁治理"的原则。根据这一原则,开始实施排污收费制度。这是在我国污染控制管理中最早提出并普遍实行的制度之一。这项政策要求一切向环境排放污染物的企业,应当依照政府的规定和标准缴纳一定的费用,以使其污染行为造成的外部费用内部化,促使污染者采取措施控制污染。

我国的环境保护变迁史就是一部环境战略与政策发展改革史。自 1949 年新中国成立 70 年以来,我国国民经济与社会发展取得了举世瞩目的成就,生态环境保护也取得了前所未有的进步。特别是自排污收费制度实施以来,国家环境战略政策发生了巨大变化,经历了一个从无到有、从"三废"治理到流域区域治理、从实施主要污染物总量控制到环境质量改善为主线、从环境保护基本国策到全面推进生态文明建设这一主线上来的发展轨迹,基本建立了适应生态文明和"美丽中国"建设的环境战略政策体系。

新中国成立七十余年以来的环境保护战略政策历史变迁与发展,大体经历了五个发展阶段。①非理性战略探索阶段(1949—1971 年);②建立环境保护三大政策和八项管理制度的环境保护基本国策(1972—1991 年);③强化重点流域、区域污染治理(1992—2000 年)的可持续发展战略;④控制污染物排放总量、推进生态环境示范创建的环境友好型战略(2001—2012 年);⑤推进环境质量改善和"美丽中国"建设的生态文明战略(2013 年至今)。分析表明,我国基本形成了符合国情且较为完善的环境战略政策体系,在生态文明和环境保护法制与体制改革、生态环境目标责任制、生态环境市场经济政策体系以及多元有效的生态环境治理格局下取得了重大成就,对环境保护事业发展发挥了不可替代的支撑作用,为深入推进生态文明建设和"美丽中国"伟大目标实现提供了重要保障。结合新时代生态文明建设和"美丽中国"建设的目标需求,提出了未来我国生态环境保护战略政策的基本走向、改革目标,指出了管理体制、生态法治、空间管控、市场机制、公众参与、责任考核等六大改革方向。

2. 中国的排污权交易政策

中国污染物排放许可证制度的试点工作开始于 1988 年。首先考虑控制的是水污染物。迄今为止已有三十多年的发展历史,但主要以地方试点的方式进行,积累了一定的实践经验。其发展历程主要经历了以下 3 个阶段。

(1)第一阶段是起步阶段。1988 年,国家环保局颁布实施《水污染物排放许可证管理暂行办法》,规定水污染总量控制指标可在排污单位间调剂。1993 年原国家环保局以太原、包头等多个城市作为试点开始探索大气排污权交易政策的实施。1994 年,国家环保局宣布排污许可证的试点工作结束,同时开始在所有的城市推行排污许可证制度。截至 1994 年,发放排放大气污染物许可证的试点的城市共有 16 个,持证企事业单位 987 家,控制排放源 6 646 个。到 1994 年底,试行水污染排放许可证制度的城市达 465 个,共向 247 个企业发放了 13 447 个水污染排放许可证。

1996 年国务院正式提出全国主要污染物排放总量控制计划,对烟尘、工业粉尘、SO_2 等 12 种污染物实行总量控制,在此基础上《环境保护法》作出关于实行排污许可证制度的规定,我国目前的污染物排放许可证大致可以分成 3 类:①大气污染物排放许可证,例如,每 1 吨烟粉尘为 1 份排污许可证,每 100 公斤 SO_2 为 1 份许可证。②水污染物排放许可证,例如每吨 COD 为 1 份排污许可证,每 100 公斤 SS 为 1 份许可证;③其他污染物排放许可证。到 1996 年,中国地级以上城市普遍实行了排污水污染许可证制度,共向 42 412 个企业发放了 41 720 个排污许可证。其中上海黄浦江治理中试行的水污染排污权交易制度,平顶山实行的烟尘排放许可证制度,柳州市实行的二氧化硫排放许可证制度,都取得了显著的成效。

1999 年中美两国签订了"关于在中国运用市场机制减少 SO_2 排放的可行性研究意向书",之后,国家环保总局与美国环境保护协会于 1999 年 9 月签署了关于"研究如何利用市场手段,帮助地方政府和企业实现国务院制定的污染物排放总量控制目标"的合作协议备忘录,确立了"中国 SO_2 排放总量控制与排污权交易项目",已经在辽宁本溪和江苏南通成功试点。本溪的试点中,在美国的帮助下,本溪市草拟了地方法规《本溪市大气污染物排放总量控制管理条例》,这部地方法规确立了总量控制的法律基础,明了了排污权交易作为实现总量控制的一种有效手段的合理性,第一次在中国建立了严格的超额排放处罚措施。

1996 年、2000 年国务院先后颁布了《"九五"期间全国主要污染物排放总量控制计划》和《大气污染防治法》，污染治理政策由浓度管理转变为总量管理，为实施排污交易提供了法律政策支持。

（2）第二阶段是试点阶段。21世纪初，开展了排污权交易试点工作，2001年9月，江苏省南通市顺利实施中国首例排污权交易。2002年5月9日，江苏南通成功地进行了我国首例 SO_2 排放权交易，标志着排污权交易取得了开拓性成果。2003年，江苏太仓港环保发电有限公司与南京下关发电厂达成 SO_2 排污权异地交易，开创了中国跨区域交易的先例。2007年11月10日，国内第一个排污权交易中心在浙江嘉兴挂牌成立，标志着我国排污权交易逐步走向制度化、规范化和国际化。这一阶段的排污权交易以政府部门"牵线搭桥"的方式运作为主，排污权交易在推进污染减排方面的潜力逐步显现。

（3）第三阶段是试点深化阶段。2009年，中央政府工作报告提出积极开展排污权交易试点的要求，财政部与环保部联合在全国范围内开展排污权交易试点工作，目前已有十余个省市开展试点。试点省市分别从相关政策文件、机构筹建和技术研究等方面开展工作，各有l特色，百花齐放。在各省试点实践的基础上，2014年8月，国务院办公厅印发《关于进一步推进排污权有偿使用和交易试点工作的指导意见》，标志着排污权交易制度成为中国一项重要的环境经济政策。这一阶段，排污权交易呈现出国家重视、地方探索、上下联系紧密、交易模式多样等特点。

这里我们详细阐述2014年8月国务院办公厅印发的《关于进一步推进排污权有偿使用和交易试点工作的指导意见》（简称"指导意见"）。该意见意在发挥市场机制推进环境保护和污染物减排。《指导意见》指出，建立排污权有偿使用和交易制度，是我国环境资源领域一项重大的、基础性的机制创新和制度改革，是生态文明制度建设的重要内容。各地区政府、各有关部门应高度重视排污权有偿使用及交易制度的建设。

本次国务院发布的指导意见的核心内容是两点，即"建立排污权有偿使用制度"和"加快推进排污权交易"。排污权是指相关排污企业经过有权部门核定和许可，允许排污单位在一定范围内排放污染物的种类和数量。排污权作为一种无形财产权，首要问题是此种权利如何取得。《指导意见》指出"试点地区实行排污权有偿使用制度，排污单位在缴纳使用费后获得排污权，或通过交易获得排污权。"也就是说，在试点地区的排污权必须是有偿取得。有偿取得又分为两类，一种是缴纳使用费后取得，一种是通过购买取得。通常情况下，"缴费取得排污权"比"通过交易取得排污权"成本较低，排污企业更多的关注于如何能够更大限度的通过缴纳排污费而取得排污量和排污许可证。其核心问题在于现有排污企业和新增排污量企业的初始排污量的取得和分配：

①应当根据当地排污总量作为基数予以统筹安排，即：根据国家环保部门的污染普查数据作为现有企业取得排污量的直接依据。单独地区排污量与国家节能减排大环境存在紧密联系，这就更加要求各地政府及相关部门对于地区排污总量要严格依据污染普查数据，各排污企业应依据国家环保部门污染普查的现有排污量作为取得初始排污量的法律依据。新增排污量部分要符合地区总量控制要求，由地方政府对企业新增部分统一安排。

②明确指出排污权交易应在自愿、公平、有利于环境质量改善和优化环境资源配置的原则下进行。因此，各地政府应搭建排污权交易平台，鼓励排污权交易，不得以行政命令干预排污权交易的实施。排污企业通过实施工程治理减排项目，在完成主要污染物减排基础上，可以将富余排放指标出售或储备。上述排污企业通过技改实施减排行为的，不影响企业依据其污染普查基数而拥有的排放量的购买权。企业在不高于其污染普查基数的历史排放量范围内可自主选择排放指标的购买量，但购买的初次排放量不应高于其污染普查基数的历史排放量。新增排放量应由地方政府在地方排放总量范围内批准并有偿取得。

③参考排污企业采取节能减排措施的资金投入和效果。节能减排的主力是生产企业。因此，政府应当将环境治理的精力和资金更加倾向于投入企业。对于企业的节能减排存在两种手段，即制约和奖励。通过排污量的设置以及排污许可证的颁发限制和制约企业排污，而更重要的是要鼓励企业自发减排。对于大力提高环保标准、投入资金进行污染物减排的生产企业，政府可以适当提高企业排放权的购买指标作为奖励。以使得企业有多余的污染物排放量用以出售，换取发展资金，进一步投入现金技术和节能投入，使节能减排成为企业的主动行为。根据指导意见，各地要"建立排污权储备制度，回购排污单位'富余排污权'，适时投放市场，重点支持战略性新兴产业、重大科技示范等项目建设。积极探索排污权抵押融资，鼓励社会资本参与污染物减排和排污权交易。"因此，如果市场上没有出现排污权的买家，政府应当以原价或者溢价回购企业掌握的富余排污权。

排污企业采取技术改造、设备更新、清洁生产以及强化污染治理和环境管理等措施，使外排主要污染物减少，年度实际排放量少于排污许可证规定排放量的，其排污权指标可以出售或储备，同时排污企业因转产、破产或其他原因自行关闭，其污染物排污权指标也可以出售或储备。在满足主要污染物排放总量控制要求的前提下，地区排污权储备管理机构可以根据市场需求、购买方所在地环境质量、经济发展状况等因素出售储备的主要污染物排污权指标。

在上述过程中,要建立排污权交易市场制度。建立排污权交易市场是排污权交易体系的核心,允许排污权像商品那样被买进和卖出,企业进入市场自由交易排污权,排污权的价格由市场决定,必须坚持竞争和公开、公平、公正的市场规则,禁止非法交易或幕后操纵。政府环境管理机构进行排污权交易操纵时,按照透明化原则公开有关的政策信息,对出现的重大问题及时作出反应。

排污权交易制度的建立是一个系统的工程,不仅需要排污权交易制度本身的完善,而且,也许要相关配套制度的完善。在指导意见的原则框架下,地方政府必须建立可操作的排污权市场的规制,以保障排污权交易制度得以顺利实施。

3. 中国的环境保护市场经济政策体系

总的来说,环境经济政策在我国环境政策体系中的地位总体上是一个上升发展趋势。我国环境政策改革创新的历史进程就是由过去单一命令控制型环境政策向多种环境政策手段综合并用转变的一个过程,在环境保护工作中越来越广泛地运用环境经济政策,手段越来越多,调控范围也从生产环节扩展到整个经济过程,作用方式也从过去的惩罚性为主向惩罚和激励双向调控转变. 目前已经形成了环保投资、环境税费价格、生态补偿、排污权交易、绿色金融等在内的政策体系,在筹集环保资金、激励企业环境行为、提供环保动力方面发挥了重要作用,国家环境污染治理投资总体呈现增加趋势,2017 年达 9539×10^8 亿元,占 GDP 的 1.15% ;已经建立绿色税制,环境税费改革已基本完成,资源税、消费税等环境相关税收也在为适应生态文明建设要求进行调整;绿色金融成为推动生态文明建设和生态环境保护工作的重要力量,我国成为全 球绿色金融的积极倡议者,目前已经构建形成绿色金融体系,2018 年全国绿色信贷余额近 90000×10^8 亿元,发行绿色债券 1963×10^8 亿元,成为全球最大的绿色信贷和绿色债券市场;全国有 20 多个省(自治区、直辖市)开展了环境污染责任保险试点,2017 年为 16000 多家企业提供的风险保障金额约 300 亿元。积极创新探索运用市场机制与模式,财政部、住房城乡建设部等相关部门积极推进在污水、垃圾处理领域探索实施 PPP、环境污染第三方治理;截至 2018 年 8 月,排污权有偿使用和交易地方试点一级市场征收排污权有偿使用费累计 118×10^8 元,在一级市场累计交易金额 72×108 元,从未有任何一个国家像我国政府这样大范围探索排污交易试点,反映了我国政府对利用市场机制推进污染治理的强烈意愿. 生态补偿制度不断完善,补偿范围基本覆盖重点生态功能区与流域以及大气、森林、草原、海洋等重点领域,初步形成了多元化生态补偿格局。

第三节　政府的微观经济政策

一、政府干预经济的必要性

西方发达国家及一些后发展起来的现代化国家市场经济的实际发展历程表明,市场调节这只"看不见的手"有其能,也有其不能。

第一、市场经济是人类迄今为止最具效率和活力的经济运行机制和资源配置手段,它具有任何其他机制和手段不可替代的功能优势。

第二、市场经济有其优势,同时市场经济也有其局限性,其功能缺陷固有,光靠市场自身是难以克服的,完全抛弃政府干预的市场调节会导致"市场失灵",因而必须借助存在于市场之上的力量——政府这只"看得见的手"来修补市场失灵。

二、政府的微观经济政策

正是由于现实社会经济活动中的市场调节机制存在缺陷和失灵的情况,所以政府干预经济活动很有必要,也正因为如此,政府对经济的调控,已经成为现代市场经济体制的非常重要的组成部分。通过政府制定和实施一系列微观经济政策,更好地发挥政府的职能作用,从而纠正某些由市场带来的经济缺陷。

(一)政府的职能

政府的职能有很多,但在现代经济中,政府的主要职能有四种。这四种职能是美国经济学家萨缪尔森提出来的,具体如下。

1. 制定法律规则

一国政府在调控经济的过程中,特别是为克服市场失灵的情况,必须通过强有力的手段维护经济环境。制定法律法规来维持经济秩序。市场经济是法律经济,没有法体保护的市场经济,就像一场足球赛没有裁判一样根本无法进行。政府就是充当裁判员的角色,维护和强制执行经济活动的规则。政府要对犯规者给予惩罚,对守法者进行保护。实践证明:一个国家如果有完备的法律体系,那么这个国家市场经济发展的就好。否则,情况就相反。可见,市场经济运行必须依赖于政府的强有力的法律法规。

2.保持稳定增长

保持经济的稳定增长是政府的首要经济职能,也是最重要的一个职能。只有实现经济的稳定增长才能实现其他经济职能。

3.影响资源配置,提高效率

这是政府第二个中心的经济目标,这一经济职能包括:第一,提供公共服务,发展社会福利。这是在存在市场失灵的情况下,政府代替市场干预和调节经济,使社会资源得到有效的配置。第二,限制垄断势力,维护自由竞争。为了解决市场失灵的情况,消除阻碍市场发展的因素,国家和政府要制定以反垄断为中心的产业组织政策。

4.收入分配均衡

市场经济的发展在促进经济效率提高的同时,也造成了收入分配的不均等,导致贫富差距悬殊,成为严重的经济和社会问题。为解决这一问题,政府要采取一系列政策和措施,缩小贫富差距悬殊的情况,实现微观经济政策目标与效率。

(二)微观经济政策

经济政策是指经济主体按着确定的经济目标,为解决社会经济发展过程中所出现的各种问题而采用的各种手段。经济政策的本质就是经济主体、经济目标、各种手段三者的有机结合。因此,经济政策要依据经济政策目标而定。

1.微观经济政策目标

微观经济政策的第一个目标是收入均等化。市场经济本身不能实现收入分配均等化,政府要干预财富和收入分配,把其作为首要的经济政策目标。西方经济学主要强调机会平等,同时也要保障社会成员的一定生活水平。

微观经济政策的另一个目标是资源有效配置。所以如此,是资源能够发挥更大的作用,如果能够实现资源的优化配置,就能发挥出巨大的潜力,这是任何国家都不能回避的现实。资源如果配置不合理,使用不当,利用不充分,这都是效率的损失。效率就是资源配置达到最优状态的结果。效率反映一个国家的发展水平。

微观经济政策的目标就是要实现平等和效率。平等和效率是一对永恒的矛盾。追求平等就要丧失效率,追求效率就要丧失平等。平等和效率都是社会要达到的目标,二者之间存在此消彼长的交替关系,处理好二者的关系就是摆在我们面前的现实问题。

2.微观经济政策

(1)反垄断政策。

西方许多国家都制定了不同程度的反垄断法,其中最为突出的是美国。反垄断法规定:限制贸易的协议或共谋垄断或企图垄断市场兼并、排他性规定、价格歧视、不正当的竞争或欺诈行为等都是违法的,目的是保护市场经济的正常秩序。

(2)解决经济外部性问题。

经济活动的外部经济效果分为正的和负的,解决经济的外部性可以采取下列政策:①税收和津贴:对负的外部经济采取征税和罚款等就策平段。②产权重新界定:对于有害的外部性,只要明确界定产权,问题就很好解决。③合并:合并可以是外部经济效果内部化。

3.保护消费者的政策

政府制定和实施的消费政策本质上是政府提供的公共产品和公共服务,政府的消费政策包括:商品质量标准及检验标准;特殊服务的资格认定等。

参考文献

[1] [美]曼昆. 经济学原理[M]. 梁小民,译. 北京:机械工业出版社,2003.

[2] [美]沃尔特·尼科尔森,克里斯托菲尔·西迪尔,中级微观经济学:理论与应用[美][M].10 版.徐志浩,译.北京:中国人民大学出版社,2012.

[3] [英]马歇尔. 经济学原理[M]. 廉运杰,译. 北京:华夏出版社,2005.

[4] [英]琼·罗宾逊. 不完全竞争经济学[M]. 王翼龙,译. 北京:华夏出版社,2012.

[5] [英]约翰·斯图亚特·穆勒著,金镝译.《政治经济学原理[M].北京:华夏出版社,2009.

[6] 陈宪,韩太祥. 经济学原理与应用[M]. 北京:高等教育出版社,2006.

[7] 董长瑞,周宁. 微观经济学[M].4 版.北京:经济科学出版社,2013.

[8] 高鸿业. 微观经济学[M]. 北京:中国经济出版社,1998.

[9] 高鸿业. 西方经济学(微观经济)[M]. 北京:中国人民大学出版社,2011.

[10] 高扬. 微观经济学[M]. 北京:机械工业出版社,2013.

[11] 郭振华,唐志峰. 微观经济学[M]. 北京:清华大学出版社,2013.

[12] 黄亚钧,郁义鸿. 微观经济学[M]. 北京:高等教育出版社,2003.

[13] 经济学教材编写组. 微观经济学[M].2 版.北京:科学出版社,2013.

[14] 李立春. 西方经济学[M].2 版.北京:高等教育出版社,2008.

[15] 厉以宁,秦宛顺. 现代西方经济学概论[M]. 北京:北京大学出版社,2010.

[16] 厉以宁. 西方经济学[M].3 版.北京:高等教育出版社,2011.

[17] 梁小民. 微观经济学[M]. 北京:中国社会科学出版社,2003.

[18] 梁小民. 西方经济学基础教程[M].2 版.北京:北京大学出版社,2003.

[19] 刘凤良,周业安. 中级微观经济学[M]. 北京:中国人民大学出版社,2012.

[20] 刘厚俊. 现代西方经济学原理[M].5 版.南京:南京大学出版社,2009.

[21] 刘伟. 经济学教程:中国经济分析[M].2 版.北京:北京大学出版社,2012.

[22] 吕建军. 微观经济学原理[M]. 广州:暨南大学出版社,2008.

[23]马涛.经济思想史教程[M].上海：复旦大学出版社,2010.

[24]宋承先.现代西方经济学[M].上海：复旦大学出版社,1996.

[25]汪秋菊.微观经济学[M].北京：科学出版社,2004.

[26]汪祥春.微观经济学[M].北京：东北财经大学出版社,2003.

[27]王志伟.现代西方经济学主要思潮及流派[M].北京：高等教育出版社,
2004.

[28]伍柏麟,尹伯成.经济学基础教程[M].上海：复旦大学出版社,2001.

[29]肖殿荒.微观经济学[M].北京：清华大学出版社,2013.

[30]徐光远,李贤.作当代西方经济学十大理论热点——近年来诺贝尔经济
学奖获得者主要理论研究[M].北京：中国经济出版社,2008.

[31]徐萍.消费心理学教程[M].上海：上海财经大学出版社,2001.

[32]杨凤祥,陈建忠.经济学原理[M].北京：科学出版社,2004.

[33]姚国庆.博弈论[M].天津：南开大学出版社,2003.

[34]叶德磊.西方经济学简明原理[M].北京：高等教育出版社,2007.

[35]尹伯成.西方经济学简明教程[M].6版.上海：上海人民出版社,2008.

[36]袁志刚.西方经济学[M].北京：高等教育出版社,2010.

[37]张华,许洪强.西方经济学经典教材习题详解[M].北京：经济科学出版
社,2005.

[38]张维迎.博弈论与信息经济学[M].上海：上海三联书店、上海人民出版
社,2002.

[39]张元鹏.微观经济学(中级教程)[M].北京：北京大学出版社,2007.

[40]郑艳艳.微观经济学[M].北京：电子工业出版社,2013.

[41]周平海.新编西方经济学[M].上海：上海立信会计出版社,2011.

[42]朱中彬,孟昌.微观经济学[M].北京：机械工业出版社,2007.